Atarah Ben-Tovim / Douglas Boyd

Das richtige Instrument für unser Kind

Der praktische Ratgeber für Eltern und Lehrer

Albert Müller Verlag
Rüschlikon-Zürich · Stuttgart · Wien

Aus dem Englischen übersetzt von Marc Domenig. – Titel des englischen Originals: «The Right Instrument For Your Child», erschienen bei Victor Gollancz Ltd., London. – Copyright © by Atarah Ben-Tovim und Douglas Boyd 1985. – Deutsche Ausgabe: © Albert Müller Verlag, AG, Rüschlikon-Zürich, 1986. – Nachdruck, auch einzelner Teile, verboten. Alle Nebenrechte vom Verlag vorbehalten, insbesondere die Filmrechte, das Abdrucksrecht für Zeitungen und Zeitschriften, das Recht zur Gestaltung und Verbreitung von gekürzten Ausgaben und Lizenzausgaben, Hörspielen, Funk- und Fernsehsendungen sowie das Recht zur foto- und klangmechanischen Wiedergabe durch jedes bekannte, aber auch durch heute noch unbekannte Verfahren. ISBN 3-275-00885-4. – 1/7-86. – Printed in Switzerland.

Inhalt

3. Teil: Schlußentscheid
Kurzliste:

Anhang:

1. Teil: Ihr Kind

Wie musikalisch ist ihr Kind?

Es gibt Eltern, die ganz selbstverständlich annehmen, ihr Kind sei musikalisch. Andere glauben, aktiv zu musizieren sei einer Elite von talentierten, begabten Kindern vorenthalten.

Doch die Meinung der meisten Eltern liegt irgendwo in der Mitte. Gerne würden sie sich besser darüber informieren, jemanden finden, der Fragen wie die folgenden zu beantworten weiß:

«Sind gewisse Kinder musikalischer als andere?»

«Können sonst normal begabte Kinder so unmusikalisch sein, daß sie kein Instrument erlernen können?»

«Welches ist der Unterschied zwischen Kindern, die erfolgreich ein Instrument spielen lernen, und den andern, die aufgeben, den ‹Versagern›?»

Obwohl dazu von verschiedenen Seiten Ratschläge zu erhalten sind – sei es von der Schule, privaten Musiklehrern, andern Eltern –, sind die Antworten oft verwirrender als die Fragen. Es scheint, als sei die Welt zweigeteilt in Erfolgreiche und Erfolglose und als gäbe es keine Verständigung zwischen den beiden.

Manche Eltern haben als Kinder selbst unter den «Versagern» figuriert. Millionen gingen während Monaten oder gar Jahren in die Klavierstunde, ohne daß sie jetzt imstande wären, eine Musiknote zu lesen. Verständlicher-, aber fälschlicherweise schreiben solche Leute ihr Versagen mangelnder Musikalität zu.

Doch ungeachtet, welcher Art Eltern Sie angehören, im vorliegenden Buch werden Sie eine Fülle von Ratschlägen und vielfältige Hilfe finden. Es wurde für Eltern geschrieben, von einem Ex-Wunderkind und einem Ex-Versager. Wir beleuchten also beide Seiten der musikalischen Trennungslinie. Das Wunderkind konzertierte schon mit zwölf bis dreizehn Jahren mit professionellen Sinfonieorchestern, der Aussteiger gab die Klavierstunden nach dreijähriger Quälerei auf. Heute ist er jedoch seit zwanzig glücklichen Jahren im Rahmen der Musik tätig.

Weil unsere Kindheitserfahrungen die ganze Spannweite vom öffentlich bejubelten Erfolg bis zum demoralisierenden Versagen umfaßte, waren wir beide professionell wie persönlich an der Frage interessiert, ob Kinder in zwei bequeme Kategorien «musikalisch» und «unmusikalisch» eingeteilt werden können.

8

Manche Lehrer wollen uns dies glaubhaft machen und schreiben die bedenklich hohe Versagerquote so falschen Gründen wie «dem unvermeidlichen Aussteigen der zu wenig Talentierten» zu. Nun, wir wollten herausfinden, ob den meisten Kindern, die das Spielen eines Instrumentes aufgeben, tatsächlich so etwas wie «Musikalität» fehlt. Wenn ja, was genau ist Musikalität? Wenn nein, was sind die wirklichen Gründe für ihr Aufgeben?

Um zu vermeiden, von irgend jemandem oder irgendeiner Organisation beeinflußt zu werden oder voreingenommen zu sein, errichteten wir ein unabhängiges Musikforschungs-Zentrum im Norden Englands. Dort, sowie auf unsern Reisen durch England und in Übersee, interviewten wir einige tausend Kinder, die ihr Instrument aufgegeben hatten, zusammen mit einer Kontrollgruppe von Kindern, die ihr Instrument weiterhin spielten. Beide Gruppen setzten sich aus Kindern mit verschiedenem erzieherischem und sozialem Hintergrund zusammen. Ein Teil davon hatte auf traditionellem Wege, in Privatstunden, spielen gelernt, ein anderer Teil in der Schule. Wir fanden keinen Beweis dafür, daß die Kinder, die zu spielen aufgehört hatten, weniger musikalisch gewesen wären als ihre Kameraden, die in Schülerorchestern, lokalen Jugendorchestern und ähnlichem mitspielten. Vielleicht noch überraschender: Es wurde durch unabhängige Untersuchungen festgestellt, daß fortgeschrittene Musikstudenten an Musikschulen und Universitäten nicht «musikalischer» sind als ihre Kommilitonen, die Geographie oder Sozialwissenschaften studieren. Warum also scheidet ein Teil aus und der andere ist erfolgreich?

Wir haben den überwältigenden Beweis erbracht, daß die Aussteiger durch Erwachsene schon von Anfang an falsch beraten oder entmutigt wurden, so daß ihr individuelles Versagen zum voraus bestimmt war. *Die Wahl des falschen Instrumentes war der häufigste Faktor für den Mißerfolg in der Musik – nicht Mangel an Musikalität oder das Musikpotential.*

Wer weiß, wären Yehudi Menuhin oder John Williams ursprünglich zum Trompetenspielen oder Trommeln angehalten worden, hätten auch sie vielleicht als Erwachsene Musik nur vom Tonband gekannt und wären unglücklich darüber gewesen, um ihre wahre Bestimmung betrogen worden zu sein, «nicht imstande, selbst zu spielen und Noten zu lesen».

Unser Forschungsergebnis zeigt, daß bei den meisten körperlich und geistig normalen Kindern das Musiktalent sogar viel umfassender ist, als zum Erlernen eines Musikinstrumentes nötig ist, sofern das richtige Musikinstrument gewählt wird. Wenn ein Kind hingegen das falsche Instrument in die Hände bekommt, hat es eine Vielfalt von unnötigen körperlichen, geistigen und emotionalen Belastungen zu überwinden. Zusammengenommen führen diese Hindernisse mit größter Wahrscheinlichkeit zum Mißlingen auf dem betreffenden Instrument. Weil es sowohl für Eltern wie Kinder höchst schwierig ist herauszufinden, warum es falsch gelaufen ist, läßt man es bei der einfachen – doch gefährlichen – Erklärung bewenden, daß das Kind «eben nicht musikalisch genug» für das Instrument sei.

Wir betonen nochmals, daß nur ganz wenige körperlich und geistig gesunde Kinder nicht musikalisch genug sind, um das für sie richtige Instrument spielen zu lernen. Im Gegenteil, oft machen behinderte Kinder erstaunliche Fortschritte auf einem sorgfältig ausgewählten Instrument.

Als Eltern werden Sie am Verhalten der Kinder im allgemeinen interessiert sein, und somit ist es für Sie bestimmt aufschlußreich, über die Tausenden von Kindern zu lesen, die in unserem zehnjährigen Forschungsprogramm getestet wurden. Doch Ihr Hauptinteresse gilt natürlich *Ihrem* Kind. Sie wollen sicher sein, daß es musikalisch genug ist, um ein Instrument zu spielen. Benützen Sie dazu den einfachen Musikalitätstest auf der nächsten Seite. Lassen Sie sich nicht durch seine Einfachheit abhalten. – Er funktioniert.

Musikalitätstest

Kreuzen Sie die richtige Antwort an.

A) Fähigkeiten

Kann das Kind:

– die Titelmelodie bevorzugter Fernsehsendungen erkennen? | ja | nein |

– zur richtigen Zeit mit dem «Refrain» einsetzen, wenn Sie zum Beispiel das Lied «Meister Jakob» singen? | ja | nein |

– erkennen, welches der hohe Ton ist, wenn Sie hi-ha singen, mit hi hoch und ha tief? | ja | nein |

– einen einfachen Rhythmus nachklopfen, wenn Sie ihn auf den Tisch klopfen? | ja | nein |

– beurteilen – mit geschlossenen Augen – ob Sie a) auf ein Glas klopfen oder auf eine kleine Pfanne? (Üben Sie zuerst mit offenen Augen.) | ja | nein |

– eine bekannte Fernsehmelodie richtig singen oder pfeifen, wenn man sie von ihm verlangt? | ja | nein |

– die Melodie zu Ende führen, wenn Sie die erste Hälfte eines bekannten Liedes singen? (Zum Beispiel: Eltern: Schlaf Kindlein schlaf, der Vater hütet Schaf, Kind: Die Mutter geht ins Pommerland, Pommerland ist abgebrannt.) | ja | nein |

– die Namen von drei oder mehr Musikinstrumenten aufzählen? | ja | nein |

– ein oder mehr Musiker aufzählen, die ein Instrument spielen? | ja | nein |

B) Aktivitäten

Was tut das Kind:

– Genießt es das Musikhören? | ja | nein |

– Reagiert es körperlich auf Musik? | ja | nein |

– Besitzt es Platten oder Kassetten, die es oft anhört? | ja | nein |

– Hat es wiederholt den Wunsch geäußert, ein bestimmtes Instrument zu spielen? (Dies muß nicht unbedingt das richtige sein.) | ja | nein |

Wenn Sie weniger als achtmal «ja» angestrichen haben, muß dies noch nicht heißen, daß Ihr Kind unmusikalisch ist. Vermutlich ist es noch zu jung oder mit Schulaufgaben oder andern Dingen zu beschäftigt, um die Musik zu entdecken. Probieren Sie den Test in sechs Monaten nochmals. Versuchen Sie in der Zwischenzeit, dem Kind eine reichere musikalische Umgebung zu verschaffen. Kaufen Sie ihm einige Tonbandkassetten, die es liebt. Nehmen Sie sich Zeit, mit dem Kind zusammen verschiedene Musikprogramme im Fernsehen anzuschauen. Sprechen Sie mit ihm über Musik, die es liebt oder ablehnt. Wenn möglich, gehen Sie mit ihm zu Musikveranstaltungen, wo die Musiker gesehen oder gehört werden – seien es Zirkusse, Blechmusiken oder Schülerkonzerte.

Wenn Sie mehr als achtmal «ja» angestrichen haben, ist Ihr Kind musikalisch genug für ein Instrument. Ob seine musikalischen Fähigkeiten nun realisiert werden, liegt bei Ihnen; an Ihnen ist es:

- das richtige Instrument zu wählen, nämlich eines, das für das Kind keine körperlichen, geistigen oder emotionalen Probleme schafft, sondern in diesen drei Beziehungen für das Kind vorteilhaft ist;
- im richtigen Augenblick zu beginnen.

Ist Ihr Kind bereit, um mit dem Erlernen eines Instrumentes zu beginnen?

Sobald feststeht, daß Ihr Kind musikalisch genug ist, stellt sich Ihnen als nächste Frage: «Wann soll es mit den Lektionen beginnen?» Dies ist eine der häufigsten Fragen von der Seite der Eltern.

Als Eltern haben Sie die körperliche, geistige und emotionale Entwicklung Ihres Kindes von Geburt an verfolgt. Sie haben beobachtet, daß es für alle wichtigen Fortschritte eine individuell bemessene Zeitspanne benötigt. Das eine Kind lernt früher gehen, ein anderes spricht früher. Doch in jedem Fall sind gewisse vorausgehende Stufen zu durchlaufen, bevor der Durchbruch zu Gehen, Sprechen oder was immer erfolgen kann. Um ein Beispiel zu nennen: Kein Kind kann aufrecht gehen, bevor es die dafür notwendigen Muskeln und Nerven unter Kontrolle hat, und im weiteren braucht es auch noch ein genügend entwickeltes Gleichgewichtsgefühl. Andernfalls wird das Kind umfallen, und dies trotz eventuell vorhandenen kräftigen Beinmuskeln.

Es ist schwierig in Worte zu fassen, doch instinktiv werden Sie fühlen, daß auch das Erlernen eines Instrumentes – ein langer und komplizierter Prozeß – im richtigen Zeitpunkt einsetzen muß. Da sich Kinder jedoch verschieden schnell entwickeln, ist der richtige Zeitpunkt für das eine der falsche für das andere. Wenden sich nun die Eltern an Musiklehrer, erhalten sie unglücklicherweise oft keine hilfreichen Antworten, so daß sie desorientierter sind als zuvor. Manche Lehrer beginnen mit Kindern jeden Alters. «Je jünger, desto besser!» erklären sie fröhlich. Andere behaupten, daß Kinder bei gewissen Instrumenten, beispielsweise der Geige, schon mit drei bis vier Jahren starten sollten, «bevor sich die Knochen verfestigt haben». Im Gegensatz dazu empfehlen einige Autoritäten unter den Schulpädagogen, erst mit dreizehn oder vierzehn damit zu beginnen.

Die Eltern fragen sich dann, ob sie das instinktive Gefühl, daß es einen richtigen Zeitpunkt geben müsse, einfach ignorieren sollen. Verdrängen die Eltern dieses Gefühl und geben der Verlockung nach, sich von der Umgebung einen bestimmten Zeitpunkt aufdrängen zu lassen, ist dies umso bedauerlicher, weil sie nämlich mit ihrem Instinkt recht hatten.

In all den Tausenden von Interviews hat sich ergeben, daß der zweithäufigste Faktor, der zum Scheitern in der Musik führte, ein falscher – meist zu früher – Start war.

13

Der richtige Moment hängt also nicht einfach von einem fest-
gesetzten Alter ab. Die Differenz zwischen einzelnen Kindern
kann in dieser Beziehung beträchtlich sein. Für Ihr Kind ist
der richtige Zeitpunkt gekommen, wenn die körperliche, geistige und emotionale Entwicklung einen gewissen Stand
erreicht hat. Dies ist öfters später der Fall, als Sie sich vielleicht vorgestellt haben. Für 95 Prozent der Kinder ist zwischen acht bis elf Jahren die beste Startzeit für ihr erstes Instrument.

Manchen Eltern gefällt dies gar nicht. «So lange können wir
unmöglich warten», meinen sie. «Unser sechsjähriges Kind sagt
jeden Tag: ‹Mami, ich möchte Orgel/Flöte/Violine/Gitarre spielen lernen.› Deshalb kaufen wir nun ein Instrument und lassen
es mit Lektionen beginnen – auch wenn es noch ein bißchen
jung ist.»

Zugegeben, ein sechsjähriges Kind, das immer wieder darauf
besteht, ein Instrument zu spielen, befindet sich in einer musikalischen Entwicklungsphase. Trotzdem ist es noch nicht
bereit, sich ernsthaft dafür einzusetzen. Diese instinktive Phase
wird auf natürliche Weise vergehen und in einigen Jahren
intensiver wiederkehren. Was das sechsjährige Kind wirklich
empfindet, ist zu diffus, um es in Worte zu fassen; so sagt es
seinen Eltern aus einer vagen Phantasievorstellung heraus:
«Ich möchte dieses oder jenes Instrument spielen.»

Den Erwachsenen mag es so vorkommen, als sei es von seiten
des Kindes ein reifer Entschluß, nun mit dem Spielen eines
Instrumentes – einer ernsthaften Arbeit – zu beginnen. Doch
sollte dieser Wunsch mehr in Richtung: «Ich möchte Rennfah-
rer/Krankenschwester/Astronaut werden» interpretiert werden.

Aber wie steht es mit den fünf- bis sechsjährigen, die – wie es scheint – mit Erfolg zu spielen beginnen? In diesen Fällen wird das Kind fast ausnahmslos von Eltern, die entweder selbst in Musik erfolgreich ausgebildet oder gescheitert sind, dazu gedrängt. Den Lektionen wohnen sie selbst bei und überwachen die täglichen Übungen sorgfältig. Sie bestimmen und motivieren den Beginn und die Art der Ausbildung. Das Kind hat das zu tun, was ihm von den Eltern vorgeschrieben wird. Frühunterricht nach der Suzuki-Methode ist dafür ein Beispiel. Gehören Sie nicht zu dieser Sorte Eltern und sind nicht bereit, jeden Tag, Jahr für Jahr, ohne Pause, Ihren Teil zu diesem Musikunterricht beizutragen, hat es keinen Sinn, das Risiko einer so frühen Ausbildung einzugehen.

Manche Eltern interessiert es, ob ein Kind, das früh mit richtigen Lektionen beginnt, gegenüber einem später beginnenden Kind im Vorteil sei. Die Antwort ist: Wenn überhaupt, so nur sehr wenig. Bedenken wir, daß ein fünfjähriges Kind drei Jahre brauchen kann für etwas, was ein achtjähriges Kind in ein paar Monaten erreicht. Benützen Sie deshalb den Bereitschaftstest. Wie der Musikalitätstest ist er einfach, doch auch er funktioniert.

Es ist unwichtig, wieviele «ja» Sie für Ihr Kind anstreichen können, aber ein einziges «nein» bedeutet vermutlich, daß Ihr Kind noch nicht bereit ist. Im Zweifelsfalle warten Sie. Lassen Sie sich auch nicht durch überdurchschnittliche Schulleistungen blenden. Der richtige Moment ist nicht nur eine Intelligenzfrage. Er ist ein gleichzeitiges Bereitsein von der geistigen, körperlichen und emotionalen Entwicklung her.

Bereitschaftstest

– Ist das Kind ein guter Schüler? | ja | nein |

– Kommt es mit der sozialen Seite der Schule (andere Kinder, Lehrer) zurecht? | ja | nein |

Hat das Kind:

– die Schule mindestens ein Jahr lang ganztags besucht? | ja | nein |

– während sechs Monaten oder länger ein Hobby (sammeln, basteln) beibehalten oder so lange regelmäßig eine Gruppe oder einen Verein außerhalb der Schule besucht? | ja | nein |

– genug übrige geistige Energie (nach Beendigung der Schulaufgaben), um mit einer ganz andersartigen Aktivität zu beginnen, deren Zeitaufwand wöchentlich sechs bis neun Stunden beträgt? | ja | nein |

Kennt das Kind:

– den Unterschied zwischen Arbeit und Spiel? | ja | nein |

Wenn der Bereitschaftstest gezeigt hat, daß das Kind noch nicht mit gezielten Musiklektionen beginnen sollte, ist es bestimmt besser zu warten. Die Zwischenzeit muß allerdings nicht absolut tatenlos vorübergehen, denn es gibt auch sinnvolle vorbereitende Aktivitäten: Sie können beispielsweise Ihrem Kind die Grundtechniken des Blockflötenspiels beibringen.

Bevor Sie einwenden: «Wer, ich? Aber das kann ich doch nicht ...», überlegen Sie sich, daß es sogar sechsjährigen Kindern möglich ist, einfache Melodien auf der Blockflöte spielen zu lernen. Somit sind Erwachsene sicherlich ebenfalls imstande, dies zu tun, um es dann an das Kind weiterzugeben.

Alles, was Sie dazu brauchen, sind zwei Blockflöten und ein Lehrbuch. Sie gehen zuerst die Lektionen durch und lernen sie dann gemeinsam mit dem Kind. Solange es Ihnen gelingt, diese Musikstunden spannend und fröhlich zu gestalten, kann nur Gutes dabei herauskommen.

Machen Sie sich einen Spaß daraus. Es ist wenig sinnvoll, das Kind so rasch wie möglich zur nächsten Lektion zu drängen. Manche Kinder erfreuen sich monatelang an den gleichen Melodien. «Alle Vögel sind schon da», zum tausendsten Male gespielt, kann Ihren Nerven arg zusetzen, doch da dies offenbar zur Zeit das natürliche Niveau Ihres Kindes ist, tun Sie gut daran, das Kind gewähren zu lassen.

Sollte das Interesse nachlassen, kann dies unter Umständen mit vermehrtem Streß in der Schule zusammenhängen. Warten Sie, bis das Kind wieder über mehr Freizeit verfügt, bevor Sie mit dem gemeinsamen Musizieren fortfahren. Mittlerweile werden Sie selbst vielleicht schon einiges vergessen haben, doch das Kind wird es noch wissen.

Auf diese Weise ist die Zwischenzeit sinnvoll genutzt – vorausgesetzt, daß es Spaß macht.

Die systematische Bestimmung des richtigen Instrumentes für Ihr Kind

Nun, da Sie festgestellt haben, daß Ihr Kind musikalisch genug ist, um ein Instrument zu spielen, und außerdem den richtigen Zeitpunkt dazu festgestellt haben, bleibt noch die Wahl des richtigen Instruments. Gerne würden Sie gleich mit dem Abstreichen beginnen: «ja» für dieses und «nein» für jenes. Damit hat es jedoch keine Eile. Die richtige Auswahl des Instrumentes ist eine der allerwichtigsten Entscheidungen, die Sie für ihr Kind – und mit ihm – treffen.

Ist die Wahl richtig, wird Ihr Kind ein Leben lang um die Fähigkeit und den Genuß bereichert sein, Musik aktiv zu betreiben, sei es, daß es für sich allein spielt oder mit andern zusammen. In jedem Fall wird es damit tiefer in die Welt der Musik eindringen, als es reine Musikkonsumenten jemals können. Ist die Wahl falsch, kann Ihr Kind unzählige Freizeitstunden verschwenden und muß die enttäuschende Feststellung machen, daß es sein Musikpotential nicht befriedigend ausdrücken kann. Sie können sich gut vorstellen, wie wichtig musische Interessen sind, wenn Sie die voraussichtlichen Lebensumstände der Generation Ihres Kindes betrachten: Weniger Arbeitsstunden, ein größeres Arbeitslosenrisiko, eine längere Lebenserwartung, doch frühere Pensionierung – dies alles sind Gründe, weshalb die richtige Entscheidung enorm wichtig ist.

An diesem Punkt angelangt, gibt es zwei Wege, um das Instrument zu wählen.

Da ist einmal die bequeme Art: Ein intuitiver Entscheid aufs Geratewohl, in der Hoffnung, ins Schwarze zu treffen. Leider trifft man dabei häufiger daneben als nicht. Sie beginnen zum Beispiel mit Klavierstunden, weil ein Lehrer gerade um die Ecke wohnt, oder Sie schreiben Ihr Kind in der Schule für freie oder subventionierte Lektionen für ein gerade verfügbares Instrument ein. Auf diese Weise stehen die Erfolgschancen zehn zu eins für Ihr Kind.

Normalerweise wird das Kind anfangs von Enthusiasmus und echtem Ehrgeiz getragen. Doch schon nach ein paar Monaten werden die Schwierigkeiten mit dem falschen Instrument das Kind entmutigt haben. Die Lektionen gehen unter dem Druck der Erwachsenen weiter. Zwischen Kind und Eltern/Lehrer entsteht ein Kampf, der oft mit Schikanieren, Bestechen, Schmeicheln geführt wird, um ein Minimum an Übungsstunden und eine geringe Teilnahme an den wöchentlichen Musikstunden zu erreichen. Keine vernünftigen Erwachsenen würden von allen Kindern das gleiche Benehmen fordern, allen die gleiche Kleidung aufzwingen oder alle zum Fußballspielen oder Stricken anhalten. Bezüglich Musik jedoch wird angenommen, daß Millionen von Kindern für das Klavier, die Violine oder irgendein zufälliges Instrument geeignet sind.

Das Spielen eines Instrumentes ist ein höchst persönliches Engagement. Eine zufällige Instrumentenwahl treibt das Kind dazu, negativ zu reagieren. Es wird «schwierig», übt nicht mehr, versäumt die Lektionen und gibt womöglich ganz auf.

Es ist offensichtlich, daß dabei sowohl die Freizeit des Kindes wie vermutlich das Geld der Eltern verschwendet wurde. Nicht so offensichtlich zeigt sich, daß das Kind manchmal für Jahre ein Gefühl des völligen musikalischen Versagens und des Betrogen-worden-Seins mit sich herumträgt. Die Weiterentwicklung und damit auch die schulischen Fortschritte können dadurch blockiert werden. Alles in allem ergibt sich ein hoher Preis dafür, nicht von Anbeginn methodisch bei der Wahl des Instrumentes vorgegangen zu sein.

Glücklicherweise gibt es einen besseren Weg, um ein Instrument zu wählen, nämlich: Systematisch vorzugehen, alle Aspekte von mehreren Seiten logisch zu beleuchten.

Was Sie dazu brauchen, ist ein System, das die Probleme aufzeigt, sie klar einordnet und Ihnen die nötigen Informationen liefert, um zur richtigen Entscheidung zu gelangen. Zu diesem Zweck wurde dieses Buch geschrieben. Es wird dabei wenig davon die Rede sein, dies zu tun oder jenes zu lassen. Sie als Eltern werden zum Handeln aufgefordert. Wir zeigen Ihnen die Probleme und die Reihenfolge, wie sie angepackt werden sollten, und geben Ihnen die erforderlichen Informationen.

Ben-Tovim / Boyd-System

1. Teil

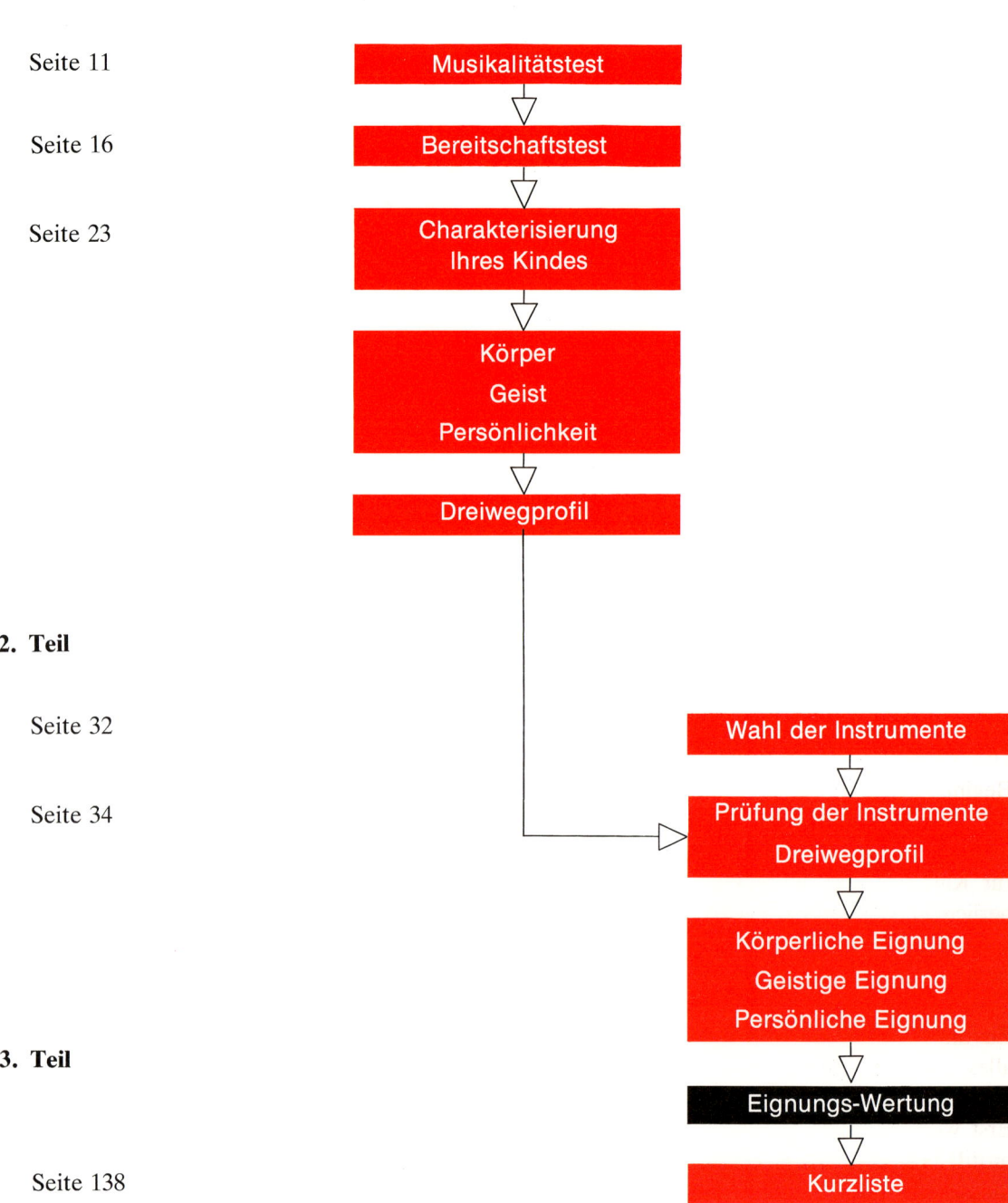

Seite 11

Musikalitätstest

Seite 16

Bereitschaftstest

Seite 23

Charakterisierung
Ihres Kindes

Körper
Geist
Persönlichkeit

Dreiwegprofil

2. Teil

Seite 32

Wahl der Instrumente

Seite 34

Prüfung der Instrumente
Dreiwegprofil

Körperliche Eignung
Geistige Eignung
Persönliche Eignung

3. Teil

Eignungs-Wertung

Seite 138

Kurzliste

Seite 139

Das richtige Instrument

Es spielt keine Rolle, wie viel oder wie wenig Sie über Musik wissen. Dieses Buch ist das Resultat eines einzigartigen Forschungsprogramms. Die Autoren diskutierten persönlich mit mehreren tausend Eltern und Kindern aus verschiedenen Ländern, die sich um die Wahl des richtigen Instrumentes bemühten. Alle Ratschläge in diesem Buch sind immer wieder in Zusammenarbeit mit sachverständigen Lehrern, Psychologen, Musikern, Ärzten, Zahnärzten, Jugendarbeitern und andern Spezialisten ausprobiert und geprüft worden.

Es ist nicht das Ziel unseres Systems, Wunderkinder oder Berufsmusiker heranzubilden. Wenn Sie beispielsweise ein Buch über die Kindheit Mozarts gelesen haben, so vergessen sie es in diesem Zusammenhang am besten. Lassen Sie sich auch nicht von Freunden, Verwandten oder Lehrern beeinflussen, die Ihnen weismachen wollen, daß dies oder jenes für andere Kinder und somit auch für Ihr Kind das Richtige ist.

Wunderkinder und Berufsmusiker sind nicht wichtig oder relevant. Nicht einmal die Instrumente sind wichtig. *Ihr* Kind ist wichtig. Darum ist unser System in erster Linie auf das Kind bezogen.

Nachfolgend zeigen wir, wie dieses System funktioniert:

Als erstes wird festgestellt, ob das Kind musikalisch genug ist, um ein Instrument zu spielen.

Daraufhin wird der richtige Zeitpunkt für den Beginn eruiert. Das Versagen der meisten Kinder ist auf einen zeitlich falschen Beginn zurückzuführen.

Ein Instrument zu spielen ist eine körperliche Aktivität, die jedoch Intelligenz, Gefühle und Emotionen miteinschließt.

Ihr Kind ist nicht die Kopie eines andern. Es ist sowohl körperlich, geistig und emotional eine einmalige Persönlichkeit.

Um herauszufinden, zu welchem Instrument Talent und Bedürfnis hinführen, bedarf es einer sehr objektiven Charakterisierung Ihres Kindes.

Zu diesem Ziel führt das Dreiwegprofil: Eine Anleitung, die alles in sich schließt, was für die Wahl des Instrumentes bestimmend ist.

Erst wenn Sie Ihr Kind mit diesem dreifachen Test (Dreiwegprofil) beurteilt haben, können Sie an das in Frage kommende Instrument denken.

Instrumente werden in *Gattungen* oder Familien zusammengefaßt, wobei alle Instrumente einer Gattung jeweils gewisse wichtige Charakteristiken gemeinsam haben.

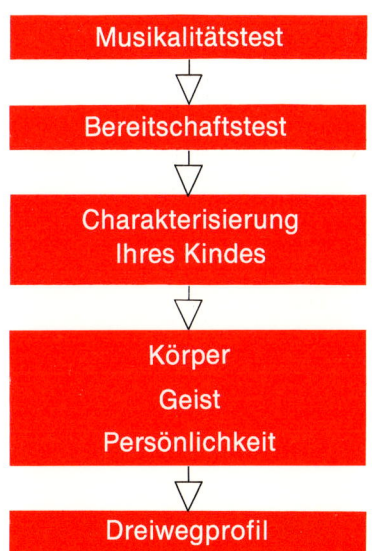

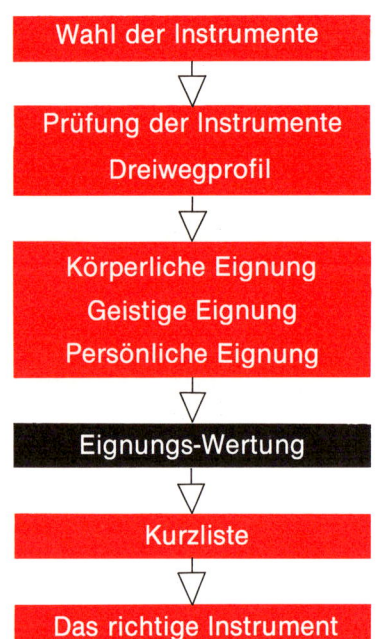

Wahl der Instrumente

Prüfung der Instrumente
Dreiwegprofil

Körperliche Eignung
Geistige Eignung
Persönliche Eignung

Eignungs-Wertung

Kurzliste

Das richtige Instrument

Im 2. Teil dieses Buches werden Sie leicht verständliche Informationen über alle Instrumente finden – inklusive jener Instrumente, an die Sie vielleicht gar nicht gedacht haben. Die Beschreibung ist klar und objektiv, schließt die körperlichen, geistigen und emotionalen Anforderungen mit ein, ebenso wie die Vorteile eines jeden Instrumentes. Mit dem Dreiwegprofil prüfen Sie jedes Instrument auf seine Eignung für Ihr Kind.

Am Ende der Beschreibung jedes Instrumentes befindet sich eine Eignungs-Wertung. Sie füllen sie aus, indem Sie die drei Sparten «körperlich», «geistig» und «persönlich» entweder mit einem bejahenden oder verneinenden Zeichen versehen (Haken oder Kreuz).

Bei manchen Instrumenten ist die Beurteilung leicht, andere brauchen mehr Zeit. Doch das System arbeitet sozusagen für Sie, so daß Sie schlußendlich nur wenige Eignungs-Wertungen ohne Kreuz haben.

Diese bezeichnen die in Frage kommenden Instrumente für Ihr Kind. Sie ergeben die sogenannte Kurzliste.

Die Instrumente auf der Kurzliste prüfen Sie hauptsächlich mit dem Kind zusammen. Durch das systematische Vorgehen bei der Vorselektion fühlen Sie sich sicher und nicht in Eile für die letzte Selektion. Alle Informationen dazu finden Sie im 3. Teil.

Charakterisierung Ihres Kindes

Um das richtige Instrument für Ihr Kind zu wählen, müssen Sie über zwei Belange gute Kenntnisse besitzen. Über alle Instrumente sollten Sie umfassend orientiert sein, sowohl in bezug auf die körperlichen, geistigen und emotionalen Anforderungen, die an die Spieler gestellt werden, als auch umgekehrt über den Gewinn, den die einzelnen Instrumente vermitteln.

Doch in erster Linie steht Ihr Kind im Vordergrund, und da sind Sie als Eltern die Experten. Sie kennen es besser als sonst jemand. Kein Musiker oder Lehrer kann es so ganzheitlich erfassen, wie Sie das können.

Warum brauchen Sie also überhaupt Hilfe von uns? Warum sollen Sie sich mit einem scheinbar komplizierten Verfahren wie dem Dreiwegprofil befassen, um die Persönlichkeit Ihres Kindes zu charakterisieren?

Weil, so glauben wir, ein Instrument spielen nicht einfach eine Tätigkeit ist wie irgendeine andere.

Die Schule trainiert das Gehirn, aber nicht die Gefühle. Der Sport konzentriert sich auf die körperliche Entwicklung. Andere Aktivitäten stimulieren vielleicht die Gefühle, doch können dabei Geist und Körper zu kurz kommen. Nur die Musik aktiviert Ihr Kind gleichzeitig in allen Bereichen und auf ausgeglichene Weise. Und ob Sie sich darüber im klaren sind oder nicht: Dies ist wahrscheinlich der wirkliche Grund, warum Sie wünschen, daß Ihr Kind ein Instrument spielen lernt.

Das richtige Instrument muß sich körperlich, geistig und emotional für Ihr Kind eignen. Es hat keinen Sinn, ein Instrument zu wählen, das zwar körperlich paßt, doch dem sozialen Wesen Ihres Kindes nicht entgegenkommt, weil es allein gespielt wird – wie Klavier oder klassische Gitarre. Ebenso falsch ist es, einem Kind ein Instrument zu geben, das zwar seinen geistigen Bedürfnissen entspricht, ihm jedoch von seiner körperlichen Konstitution her keine Freude macht. Das richtige Instrument muß für die Persönlichkeit des Kindes wie auch geistig und körperlich passend sein.

Doch welche Körperteile, welche geistigen und persönlichen Aspekte bestimmen die Wahl des Instrumentes?

Anstatt einer akademischen Antwort, die sich zwar gescheit anhören kann, doch meistens verwirrend wirkt, geben wir Ihnen auf den folgenden Seiten drei charakterisierende Tabellen mit gegensätzlichen Kriterien. Sie wurden von einer Spezialistengruppe zusammengestellt, mit der wir zusammenarbeiten. Sie können sicher sein, daß mit dem Dreiwegprofil Ihres Kindes alle wichtigen Charakteristiken erfaßt werden.

Die erste Tabelle zeigt die körperlichen Aspekte, die mit dem Spielen eines Instrumentes verbunden sind. Sie ist wahrscheinlich am leichtesten zu bearbeiten, weil alle Eltern wissen, ob Ihr Kind übergewichtig ist, lange Arme hat oder in den zweiten Zähnen eine Zahnlücke aufweist u. s. w.

In der zweiten und dritten Tabelle werden Geist und Persönlichkeit des Kindes erfaßt. Dies nimmt mehr Zeit in Anspruch. Ein Blick auf die Schulzeugnisse kann nützlich sein, doch sollten Verhalten und Benehmen des Kindes zu Hause, Hobbys

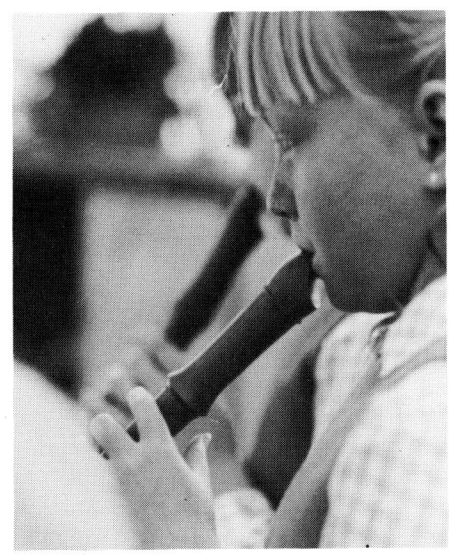

und musische Aktivitäten ebenso in Rechnung gestellt werden. Ein Kind muß nicht gut sein in der Schule, um auf dem richtigen Instrument Erfolg zu haben. Viele Schulen und Lehrer diffamieren Eigenschaften wie Ungeduld, langsames Lernen, Konzentrationsschwierigkeiten, weil sie die Arbeit in der Klasse erschweren, während sie in Wirklichkeit oft nur Reaktionen auf das Klassenleben sind. In gewissen Fällen können gerade die von Lehrern am wenigsten beliebten Eigenschaften in der Musik zum Erfolg führen.

Öfters auch machen Kinder, die in der Schule unterschätzt werden, hervorragende Fortschritte in der Musik, vielleicht zum Teil darum, weil ihnen in der Schule der Erfolg versagt bleibt. In diesem Falle kann der glückliche Einstieg in die Musik dem Kind helfen, seine schulischen Probleme besser zu meistern.

Alles, was Sie nun zu tun haben, ist das Dreiwegprofil Ihres Kindes zu erstellen, indem Sie auf den drei Tabellen die Worte anstreichen, die auf Ihr Kind zutreffen. Es gibt keine «richtigen» oder «falschen» Antworten. Es gibt keine Punkte zu sammeln. Doch versuchen Sie, objektiv zu sein! Geringfügiges Betrügen – um ein vorteilhafteres Bild Ihres Kindes zu zeichnen – ist eine natürliche Versuchung für Eltern. Widerstehen Sie ihr!

Charakterisierung Ihres Kindes

Körper

Umrahmen Sie die Eigenschaften, die auf Ihr Kind zutreffen

Sehkraft	ausgezeichnet	normal	astigmatisch	trägt Brille
Gehör	scharf	normal		unter normal
Lippen	dünn	durchschnittlich		dick
Mundkontrolle	kann pfeifen	kann nicht pfeifen		
Vorderzähne	vorstehend	normal		zurückweichend
Vorderzähne	groß	normal		klein
Vorderzähne	gerade und regelmäßig	unregelmäßig		
Zahnentwicklung	erste Zähne	zweite Zähne im Durchbruch		zweite Zähne fest im Zahnfleisch
Lungen/Atmung	asthmatisch/bronchitisch	durchschnittlich		stark
Streckung der Arme	kurz	durchschnittlich für Größe		lang
Handspanne	spannt eine Oktave auf dem Klavier	spannt keine Oktave (18 cm)		
Finger	kurz	durchschnittlich		lang
kleiner Finger	kurz	durchschnittlich		lang
Breite der Fingerspitzen	schmal	durchschnittlich		breit
Geschicklichkeit der Hände	Linkshänder	Rechtshänder		
Körperliche Koordination	schwerfällig	normal		gut koordiniert
Körperliche Energie	tatkräftig	durchschnittlich		ruhig
Körperliche Energie	Freude am Sport	unsportlich		Energiemangel
Allgemeiner Gesundheitszustand	zart	normal		robust
Allgemeiner Körperbau	groß	durchschnittlich für Alter		klein
Allgemeiner Körperbau	übergewichtig	durchschnittlich		mager
Körpergefühl	liebt Vibration gegen Lippen*	nimmt nicht gerne etwas in den Mund liebt keine Vibration gegen die Lippen		

*z.B. Kamm mit Seidenpapier

Geist

Umrahmen Sie die Eigenschaften, die auf Ihr Kind zutreffen

Typus	logisch/mathematisch		intuitiv/künstlerisch	
Lerngeschwindigkeit	schnell	durchschnittlich	langsam	
Gedächtnis	gut	durchschnittlich	findet memorieren schwierig	
Lesen	liest gewohnheitsmäßig zum Vergnügen	liest fließend	nicht fließend	
Schreiben	fließend		nicht fließend	
Mathematik	liebt dieses Fach	kommt damit zurecht	hat Probleme	
Kopfrechnen	fällt ihm leicht	durchschnittlich	fällt ihm schwer	
Konzentration	oft tagträumen	durchschnittlich	gute Konzentration	
Ausdauer	braucht schnelle Resultate	bereit zum beharrlichen Weitermachen		
Verhalten zu Schulaufgaben	hat Probleme	keine Schulprobleme		
Stellung in der Schule	gehört zur Klassenspitze	durchschnittlich	unterdurchschnittlich	
Fleiß	faul	arbeitet, wenn dazu angehalten	gewissenhaft	
Verbleibende geistige Energie nach der Schule	eine Menge	ein wenig	keine	

Persönlichkeit

Umrahmen Sie die Eigenschaften, die auf Ihr Kind zutreffen

großzügig	oder	besitzergreifend
ein paar gute Freunde	oder	viele Freunde
ruhig	oder	lebhaft
intelligent, schnell auffassend	oder	träumerisch, vergeßlich
still	oder	lärmig
einige Hobbys	oder	keine Hobbys
Einzelgänger	oder	sozial, gesellig
zieht körperliche Aktivitäten vor	oder	zieht geistige Aktivitäten vor
kontaktfreudig	oder	scheu
ist gerne mit Erwachsenen in Beziehung	oder	ist nicht gerne mit Erwachsenen in Beziehung
hat gerne, wenn die Eltern an seinen Interessen teilnehmen	oder	ist gerne unabhängig von der Familie
unbeschwert	oder	ehrgeizig
entschlossen	oder	gibt leicht auf
egozentrisch	oder	mitfühlend
intellektuell	oder	kreativ
geduldig	oder	ungeduldig
sucht Beachtung	oder	zieht es vor, unbeachtet zu bleiben
dominierend, herrisch	oder	entgegenkommend, überläßt die Führung lieber andern
friedlich	oder	aggressiv
sanft, zart	oder	hartnäckig, zäh
launenhaft	oder	ausgeglichen, harmonisch
gleichgültig, nachlässig	oder	ernsthaft, gewissenhaft
ernst	oder	zu Spaß bereit
diszipliniert	oder	unruhig, zappelig
verantwortungsbewußt	oder	liebt die Verantwortung nicht
gutmütig	oder	Zornausbrüche
«schwierig»	oder	ausgeglichen
eigensinnig	oder	leicht zu führen
manuell geschickt	oder	manuell ungeschickt

Anmerkung:
Diese Tabelle kann Schwierigkeiten bereiten, weil eine Wechselwirkung zwischen der Persönlichkeit des Kindes und der übrigen Familie besteht. Es ist zu empfehlen, daß beide Elternteile sich damit befassen, um ein möglichst objektives Resultat zu erhalten.

Indem Sie auf den drei Tabellen die Charakteristiken bezeichneten, die auf Ihr Kind zutreffen, haben Sie ein Dreiwegprofil gemacht. Dies faßt alle Informationen über Ihr Kind zusammen, die Sie haben sollten, bevor Sie sich mit den Instrumenten befassen und eines nach dem andern prüfen.

Im zweiten Teil dieses Buches werden Sie mit Tausenden von Fakten über die verschiedenen Instrumente bekanntgemacht. Viele dieser Fakten sind selbst Musiklehrern und Berufsmusikern unbekannt, weil sie fast alle Spezialisten sind. Jeder von ihnen besitzt sicherlich umfassende Kenntnisse über «sein» Instrument, und dazu ist er meistens noch recht gut über die weitern Instrumente der gleichen Gattung informiert. Seine Ausbildung zum Musiker läßt ihn jedoch meist zum Spezialisten werden, dessen Kenntnisse über andere Instrumente erstaunlich begrenzt sind. Selten nur wird zum Beispiel ein Flötenspieler wirklich gut über das Schlagzeug informiert sein oder ein Blechbläser über die Streichinstrumente oder die Gitarre.

Dies ist der Grund, warum Eltern, die einen Musiklehrer oder einen Musiker um Rat fragen, oft falsche Antworten bekommen. In neunundneunzig von hundert Fällen wird er sein eigenes Instrument oder eines der gleichen Gattung empfehlen. Dies heißt natürlich bei weitem nicht, daß das richtige Instrument gefunden wurde, sondern lediglich, daß seine Kenntnisse beschränkt sind.

Der einzige Berufsmusiker, der eine angemessene Übersicht über viele Instrumente hat, ist der Orchesterdirigent. Er besitzt gründliche Kenntnisse der Orchesterinstrumente. Allerdings ist damit noch nicht gesagt, daß er auch Instrumente kennt, die außerhalb seines Wirkungskreises liegen. Auch er wäre also kaum in der Lage, Ihnen pädagogische Ratschläge zu erteilen, denn dazu ist er nicht ausgebildet.

Wenn Sie am Ende dieses Buches angelangt sind, es durchgearbeitet haben, sind *Sie* die am besten qualifizierte Person, um für Ihr Kind das richtige Instrument auszuwählen. Das ganze Sachwissen, das Sie dazu brauchen, finden Sie im zweiten Teil.

2. Teil: Die Instrumente

Wahl der Instrumente

Jedes größere Musikgeschäft bietet heute zu vernünftigen Preisen ein ansprechendes Sortiment an Lerninstrumenten für Kinder an. Dank moderner Herstellungsmethoden, welche die Kosten für diese Instrumente im Vergleich zu früher stark reduziert haben, präsentiert sich das Sortiment breiter als je zuvor.

Dieses weitgespannte Angebot ist einerseits erfreulich, andererseits verwirrt es manche Eltern, denn die Versuchung ist groß, sich an eine kleinere und bekanntere Auswahl zu halten wie: Klavier, Violine, Gitarre und vielleicht Flöte.

Wenn Sie zu den Eltern gehören, die sich in einem Musikladen mit Gestellen und Kästen voller Instrumente ratlos fühlen, benützen Sie unser einfaches Sortierungssystem.

Instrumente sind mit einem Pack Spielkarten vergleichbar. Es ist eine schwierige Aufgabe, eine so große Auswahl an Instrumenten, wie sie heute im Musikgeschäft präsentiert wird, aus-

einanderzuhalten. Ebenso schwierig ist es, bei einem wahllos auf dem Tisch ausgebreiteten Kartenspiel herauszufinden, ob alle Karten da sind oder einzelne fehlen.

Wie würden Sie ein solches Problem angehen? Wahrscheinlich würden Sie die Karten in die vier Farben aufteilen und dann prüfen, ob jede Farbe vollständig ist. Wenn darunter «Joker» oder andere ungewöhnliche Karten sind, würden Sie sich zuletzt damit befassen.

Dieses System läßt sich auch auf das Aussortieren der Instrumente anwenden. Es gibt vier Arten oder Hauptgruppen von Instrumenten:

Holzblasinstrumente
Blechblasinstrumente
Streichinstrumente
Schlaginstrumente

Die «Joker» bilden eine Sonderklasse der:

– eigenständigen Instrumente
– selbst zu erlernenden Instrumente

Prüfung der Instrumente

Prüfung der Instrumente
Dreiwegprofil

Körperliche Eignung
Geistige Eignung
Persönliche Eignung

Eignungs-Wertung

Alle Instrumente haben eines gemeinsam. Sie wurden für erwachsene Menschen entworfen und entwickelt. Kein Instrument wurde auf den Körper eines sechs- oder elfjährigen Kindes abgestimmt.

Einige Instrumente sind hochentwickelte Maschinen – beispielsweise das Klavier, welches die physische Hauptarbeit für den Spieler besorgt. Nur drei Instrumente werden auch in kleineren Größen gebaut: die Geige, die Gitarre und das Cello. (Aus technischen Gründen könnten andere Instrumente in kleineren Ausführungen nicht richtig funktionieren.) Eine kleinere Ausführung und damit leichtere Handhabung machen aber ein Instrument keineswegs automatisch für ein Kind geeignet. Tatsächlich gehören Klavier, Violine und Gitarre zu den schwierigsten Instrumenten und stellen die größte Versagerrate.

Es mag vorkommen, daß der Körper Ihres Kindes einem Instrument gewachsen ist, das für den Vater entworfen wurde. Doch gibt es Instrumente, die zu schwer oder zu groß sind oder sonst zu viel körperliche Energie brauchen, um von Ihrem Kind gespielt zu werden. Zugegeben, es gibt vielleicht Kinder, die damit zurechtkommen, auf Ihr Kind muß das nicht zutreffen: Es könnte sich nicht wohl oder gar gestreßt fühlen. Sollte dies der Fall sein, warum einem Kind – oder einem Erwachsenen – zumuten, damit fortzufahren? Körperliches Unbehagen ist ein guter Grund, um ein Instrument aufzugeben.

So ist als erster und wichtigster Schritt ein Instrument zu wählen, das vom Kind bequem gehalten und gespielt werden kann, d.h. das Kind muß die körperlichen Eigenschaften besitzen, die für das betreffende Instrument erforderlich sind.

Dabei geht es nicht nur darum, daß das Kind die entsprechenden Anforderungen erfüllt, es muß auch ein gewisses körperliches Vergnügen dabei finden.

Das Spielen eines jeden Instrumentes weckt ein besonderes Körpergefühl, bewirkt durch die individuelle Art des Spielens. Wir nennen dies «körperliche Rückkoppelung». Manche Kinder lieben die Rückkoppelung oder das Gefühl, das ihnen das Geigenspiel vermittelt, andere läßt dies kalt. Sie ziehen das Vibrieren im Mund vor, das ein Oboen- oder Klarinettenmundstück verursacht.

Körperliche Eignung ist eine Wechselbeziehung: Das Kind

Prüfung der Instrumente
Dreiwegprofil

Körperliche Eignung

34

erfüllt ohne Unbehagen und Streß die Anforderungen des Instrumentes und empfängt dafür eine körperliche Rückkoppelung, die ihm Vergnügen bereitet. Das körperliche Vergnügen, das ein Kind beim Spielen eines Instrumentes empfindet, ist der stärkste Grund, weshalb es mit dem Üben fortfahren sollte.

Das richtige Instrument gibt dem Kind körperliches Vergnügen, ohne Streß und Unbehagen.

Auf den ersten Blick ist beispielsweise klar, daß die physischen Voraussetzungen für Flöte und Kontrabaß sehr verschieden sind. Bei den geistigen Anforderungen für die verschiedenen Instrumente ist der Unterschied nicht so offensichtlich, doch ebenso wichtig.

Ein Melodie-Instrument wie das Kornett oder die Flöte zu spielen, braucht viel weniger geistige Energie als ein Harmonie-Instrument wie die Gitarre oder das Klavier. Doch ein mechanisch einfaches, altes Instrument wie die Violine verlangt sehr viel mehr geistige Energie als das viel später erfundene Saxophon.

Es gibt Kinder, deren Geist sich stets auf *eine* Sache konzentriert. Sie mögen sehr schnell vorgehen, doch beschäftigen sie sich zur selben Zeit nur mit einer Sache. Andere – vielleicht sind sie gut im Kopfrechnen oder Schach – lieben die Komplexität, finden es aufregend, sich zugleich mit mehreren Dingen zu befassen. Die auf eine Sache eingestellten Kinder finden ihr Vergnügen an Melodie-Instrumenten, während für die Spitzen-kopfrechner die Komplexität der Harmonie-Instrumente eine befriedigende, niemals demoralisierende Herausforderung darstellt.

Prüfung der Instrumente
Dreiwegprofil

Geistige Eignung

Prüfung der Instrumente
Dreiwegprofil

Persönliche Eignung

Eignungs-Wertung

Das richtige Instrument bedeutet für das Kind keinen geistigen Streß, sondern eine andauernde Stimulation, welche es als völlig natürlich empfindet.

Der dritte Punkt, in welchem ein Instrument geeignet sein soll, umfaßt die Emotionen, die Persönlichkeit des Kindes. Dies mag vielleicht etwas diffus anmuten, doch die Informationen über jedes Instrument sind so beschrieben, daß es nicht schwieriger ist, sich mit diesem Aspekt auseinanderzusetzen als mit den andern beiden.

Gewisse Instrumente eignen sich für bestimmte Arten von Kindern. Hyperaktive Kinder sind ein Alptraum für Geigenlehrer, jedoch ein Wunschtraum für Schlagzeuger. Allein der Klang eines Instrumentes spricht manche Kinder mehr an als andere. Ein sanftes, tiefsinniges Kind, das vom Klang der Viola angezogen wird, würde unglücklich sein mit der Oboe, oder beim Trompetenspiel sogar leiden.

Gewisse Instrumente werden allein gespielt. Dies kann sich für ein kontaktfreudiges Kind frustrierend und unglücklich auswirken, wenn es zum Beispiel beim Spielen des Klaviers oder der klassischen Gitarre auf lange Jahre hinaus keine Chance hat, mit andern zu spielen. Im Gegensatz dazu wird ein Kind, das gerne allein ist, sich elend fühlen mit einem Blechblasinstrument, das nur in Vereinen oder Orchestern gespielt wird.

Das richtige Instrument entwickelt und befriedigt die emotionale Seite der kindlichen Natur und wirkt nicht frustrierend.

Das Dreiwegprofil Ihres Kindes macht es leicht und unkompliziert, Schritt für Schritt die körperlichen, geistigen und persönlichen Anforderungen und die damit verbundenen Gegenwerte eines jeden Instrumentes zu prüfen.

Am Ende der Information über jedes Instrument steht die Eignungs-Wertung. Es ist empfehlenswert, alle Eignungs-Wertungen zu machen, selbst wenn Sie der Auffassung sind, daß die Instrumente einer speziellen Gruppe ungeeignet seien.

Bezeichnen Sie alle Aspekte eines Instrumentes, die für Ihr Kind ungeeignet sind, mit einem Kreuz.

Lassen Sie sich nicht dazu verleiten, einen Haken zu machen, wenn Sie in einem Punkt unsicher sind.

Wenn Sie gewisse Fragestellungen nicht einfach mit einem Kreuz oder Haken bezeichnen können, beunruhigen Sie sich nicht weiter darüber.

Es mag beispielsweise schwer sein, über die körperliche Rückkoppelung eines Instrumentes zu entscheiden, bevor das Kind Gelegenheit hatte, das Instrument in den Händen zu halten und damit Spielversuche zu machen. Solche Unsicherheiten werden sich später automatisch klären.

36

Alle Holzblasinstrumente sind Röhren, in die geblasen wird, um Melodien zu spielen. Querflöte, Oboe und Klarinette sind Sopraninstrumente. Das Fagott ist ein Baßinstrument. Saxophon und Blockflöten umfassen eine Tonskala, die von Sopran bis Baß reicht.

Eltern wissen, daß die meisten modernen Kinder auf schnelle Resultate aus sind. Auf die Musik übertragen: Die Kinder von heute möchten schon in einigen Monaten einen schönen Klang erzeugen und Melodien spielen können.

Die Querflöte und die Klarinette figurieren auf mehr Kurzlisten als irgendein anderes Instrument, weil sie (für ältere Kinder auch das Saxophon) dem Kind diesen schnellen Erfolg bringen, im Gegensatz zur Oboe und zum Fagott.

Auf den Holzblasinstrumenten kann nur ein Ton auf einmal gespielt werden. Deshalb sind die Noten weder schwierig zu lesen, noch ist ein gutes Gedächtnis erforderlich. Diese Instrumente tragen selbst so viel zur Bildung des Tones bei, daß sie weder besondere Musikalität noch ein ausgeprägtes Musikgehör erfordern.

Vielen Kindern, denen das Singen einer Melodie nicht ganz gelingt, können die Querflöte oder die Klarinette gut spielen lernen.

Von seiten der Eltern braucht es außer der natürlichen Ermutigung und Unterstützung wenig Mithilfe.

Diese ganze Instrumentengruppe wurde – wie der Name besagt – ursprünglich aus Holz hergestellt. Die Energie wird diesen Instrumenten durch Luft verliehen, das heißt durch den kontrollierten Atemdruck des Spielers. Oboen, Klarinetten und

Fagotte werden oft noch aus Holz oder auch Plastik konstruiert, die meisten Querflöten sind aber heute aus Metall. Saxophone – Spätlinge unter den Holzblasinstrumenten – wurden immer aus Messing hergestellt. Piccolo, Englischhorn, Es-Klarinette, Baßklarinette und Kontrafagott gehören auch zu den Holzblasinstrumenten, doch sind sie nicht für Anfänger geeignet. Verschiedene Pfeifen gehören ebenfalls zu dieser Gruppe. Obwohl alle diese Instrumente derselben Gruppe zugeteilt werden, ist ihre Rückkoppelung oft sehr verschieden. Wenig Gemeinsames ist zu erkennen zwischen dem Gefühl, welches das Blasen *über* die Öffnung der Querflöte erzeugt und demjenigen des Durchpressens der Luft *durch* das enge Rohr der Oboe, oder der Art, wie das Oboenrohr mit über die Zähne gezogenen Lippen ergriffen und das Mundstück der Klarinette direkt in den Mund genommen wird. Wenig Kinder werden gleichzeitig von der Querflöte und der Klarinette angezogen. Wenn sie eines der beiden Instrumente wirklich gern haben, wird ihnen das andere nicht sehr gefallen. Nur ganz wenige Kinder möchten Oboe oder Fagott spielen lernen.

Kinder, die zu Hause oder in der Schule gerne Blockflöte spielen, werden später oft von den andern ähnlich scheinenden Holzblasinstrumenten angezogen. Eltern sollten daran denken, daß das Blockflötenspiel ein ausgezeichnetes Training für alle andern Instrumente ist. Doch weil ein kleines Kind die Blockflöte gern hat, sollte die Wahl des zweiten Instrumentes nicht nur auf die Holzblasinstrumente beschränkt werden, obwohl Querflöte oder Klarinette fast mit Sicherheit auf seiner Kurzliste erscheinen werden.

Die heutigen Kinder verbringen einen großen Teil ihrer Zeit sitzend, in der Schule, in Verkehrsmitteln, vor dem Fernsehapparat. Durch das Spielen eines Holz- oder Blechblasinstrumentes können sie ihrer ungenutzten körperlichen Energie freien Lauf lassen und brauchen dazu nicht zu viel reine Kraft.

Was die Preise anbelangt: Oboen und Saxophone mögen teuer erscheinen, und Fagotte sind sehr teuer, doch Querflöten und Klarinetten für Anfänger kosten wenig mehr als ein Fahrrad und haben den Vorteil – wie alle Instrumente –, daß sie den Wert für einen möglichen Wiederverkauf gut behalten.

Die Querflöte

Kinder lieben den Klang der Querflöte. Die Töne, die zuerst auf ihr gelernt werden, liegen im Tonbereich der Stimme eines zehnjährigen Kindes. Sie ist ein Instrument, das geschaffen wurde, um Melodien damit zu spielen. Melodien spielen oder singen ist die Art, mit welcher ein Kind auf natürliche Weise seine musikalischen Instinkte ausdrückt. Dies ist der Grund, warum es von der Querflöte angezogen wird.

Die Querflöte wirkt attraktiver auf Mädchen als auf Knaben.

Während Jahrtausenden wurden Flöten auf der ganzen Welt gebraucht, um Melodien zu spielen. Die Orchesterflöte, wie wir sie kennen, ist ein Instrument ohne Mundstück, das horizontal gegen die rechte Seite des Körpers gehalten wird. Der Ton wird erzeugt, indem durch die gespitzten Lippen ein kontrollierter Luftstrom quer über das offene Loch des Hauptteiles geblasen wird, ungefähr, wie wenn über den oberen Teil einer Milchflasche geblasen würde. Dies scheint und ist auch einfach, doch gibt es Kinder, die dafür nicht die nötige Lippenbeherrschung haben. In diesem Falle ist die Querflöte nichts für sie.

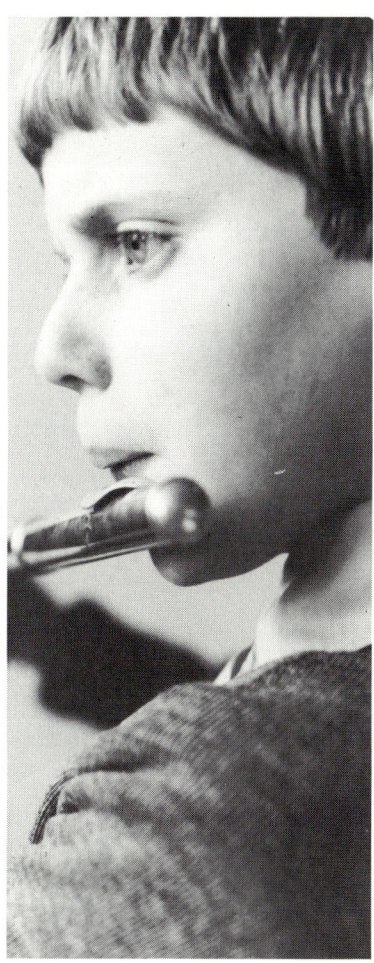

Die Beherrschung der Klappen auf einer modernen Querflöte mag kompliziert erscheinen, doch bei Instrumenten lautet die goldene Regel: *Je komplizierter die Konstruktion, desto leichter das Spielen.* (Ein sehr einfaches Instrument wie die Geige überläßt die ganze Arbeit dem Spieler, während die mechanisch viel kompliziertere Querflöte oder Klarinette einen großen Teil der Arbeit selbst verrichtet; darum kann auch der Fortschritt auf diesen beiden Instrumenten entsprechend schnell sein.)

Innerhalb weniger Wochen genießt der Anfänger die Befriedigung des Fortschritts, welcher bei der Produktion einfacher Töne beginnt und über hübsche, musikalische Klänge zu einfachen Melodien führt, nach dem Ohr oder nach Noten gespielt.

Die Querflöte besteht aus drei Stücken und paßt in ein kleines, handliches Kästchen. Sie kann leicht zusammengesetzt werden, und es läßt sich überall mit ihr spielen und üben.

Der Gebrauch der Finger ist gleich wie bei der Blockflöte. Blockflöten-Spieler können daher rasant starten.

Körperliche Eignung

Viele kleine Kinder werden von der Querflöte angezogen und möchten darauf spielen lernen, bevor ihre Körper dazu bereit sind. Ungleich der Geige oder der Gitarre, welche in kleineren Größen erhältlich sind, ist es aus technischen Gründen nicht möglich, kleinere Blasinstrumente herzustellen. (Das Piccolo ist keine kleine Querflöte, es ist ein Instrument für sich.) Deshalb hat ein Kind mit seinem kleineren Körper die gleiche Arbeit zu leisten wie ein erwachsener Flötist, für dessen viel größeren Körper die Querflöte geschaffen wurde.

Ein Blick auf die meisten Kinder, die Querflöte spielen, offenbart das Problem: Um die Distanz zu verringern, die der linke Arm strecken muß, wird die Querflöte nicht horizontal gehalten, wie es sein sollte. Dies hat zur Folge, daß der Nacken verrenkt und der Kopf gebeugt wird, um die Lippen im richtigen Winkel zum Instrument zu halten.

Das richtige Alter, um mit der Querflöte zu beginnen, ist, wenn das Kind beim Spielen aufrecht stehen, mit geradem Nacken das Instrument horizontal halten kann und mit dem linken Arm bequem über die Brust reicht. Solange das Kind Kopf und Nacken verrenken muß, um den linken Arm zu strecken, ist es zu klein für die Querflöte.

Da bei der Querflöte kein Mundstück den Grundton erzeugt, ist die Lippenform sehr wichtig. Sehr volle oder sehr dünne Lippen sind nicht vorteilhaft. Große obere Vorderzähne sind ebenfalls ein Nachteil.

Das Ausprobieren einer Querflöte im Musikgeschäft läßt kaum

eine offensichtliche Rückkoppelung erkennen. Diese stellt sich beim Spielen erst ein, nachdem ein paar Minuten geblasen wurde. Das Spielen der Querflöte verlangt so viel Luft, wie wenn der Spieler andauernd Ballone aufzublasen hätte, was zu Schwindel oder gar Übelkeit führen kann. Zarte Kinder empfinden dies als unangenehm; robusteren Kindern macht es Spaß.

Kinder, die sich gerne zur Musik im Tanz bewegen oder Ballett tanzen, lieben es, in stehender Position zu spielen, wie es bei der Querflöte immer praktiziert werden sollte.

Die Querflöte ist das einzige Instrument, das weit vom Körper weg auf die Seite hinaus gehalten wird. Es ist so konstruiert, daß es nur auf die rechte Seite hinaus gespielt werden kann. Dies macht es für einen ausgesprochenen Linkshänder, der ein ungenügendes Gefühl für die rechte Seite hat, zu einem schwierigen Instrument.

Der Spieler kann seine Finger beim Spielen nicht sehen. Da das Spielen dieses Instrumentes alle acht Finger und den linken Daumen erfordert, ohne daß sie mit den Augen überprüft werden können, wird ein Kind, das Mühe hat, seine Finger zu koordinieren und zu kontrollieren, nicht glücklich sein mit der Querflöte.

Geistige Eignung

Die Querflöte spricht einen weiten Bereich geistiger Fähigkeiten an: Verhältnismäßig langsam lernende Kinder verbringen Monate oder gar Jahre damit, einfache Melodien schön zu spielen. Schnell Lernende eilen vorwärts, erweitern die Technik, erhöhen die Virtuosität, gehen zu schwierigeren Etüden über und vergrößern das Repertoire.

Die Noten der Querflöte sind einfach zu lesen, weshalb Flötenspieler kein besonders gutes Gedächtnis brauchen.

Persönliche Eignung

Scheue Kinder oder solche, die sich gerne allein beschäftigen, lieben es, auf ihrer Querflöte Tag für Tag, Woche für Woche Melodien zu spielen.

Ruhige, doch kontaktfreudige Kinder sind ebenso glücklich, nach einem Jahr des ernsthaften Lernens herauszufinden, daß sie im selbstorganisierten Freundeskreis musizieren können und auch in vielen Musikgruppen, Orchestern und Vereinen aller Art willkommen sind.

Das einzige Kind, das mit diesem Instrument nicht glücklich sein wird, ist das aggressive oder dominierende Kind, das mehr Energie aufwenden und mehr Lärm produzieren möchte, als dies die Querflöte ermöglicht.

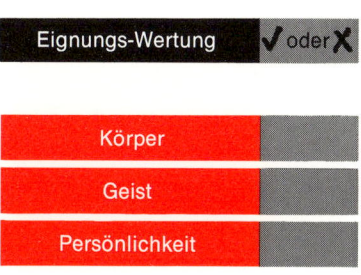

Oberflächlich betrachtet sieht die Klarinette der Blockflöte sehr ähnlich. Doch tatsächlich ist sie in beinahe jeder Beziehung ganz anders.

Um bei der Blockflöte einen Ton zu erzeugen, nimmt man das Mundstück zwischen die Lippen und bläst einfach hinein. Bei der Klarinette kommt der Ton zustande, indem das Mundstück in den Mund genommen und mit den oberen Zähnen festgehalten wird. Dazu wird geblasen, um das am Mundstück befestigte breite Blatt zum Vibrieren zu bringen. Es ist die gleiche Methode, wie wenn Kinder einen, zwischen den Daumen gespannten, flachen Grashalm zum Vibrieren bringen und damit einen quietschenden Ton erzeugen.

Durch die Vibration kann bei der Klarinette mit wenig Kraft ein überraschend klangvoller Ton erzeugt werden. Das Vibrieren im Mundinnern löst jedoch eine starke Rückkoppelung aus, die der Spieler beachten muß.

Knaben fühlen sich zu diesem Instrument hingezogen, erstens wegen des vollen Tones, zweitens weil die zuerst gelernten Töne mit ihren leicht tieferen Stimmlagen übereinstimmen.

Da die Klarinette einen großen Tonumfang aufweist, kann sie auch als Soloinstrument in vielen Musikarten eingesetzt werden.

Als einziges unter den Holzblasinstrumenten hat die Klarinette ihr eigenes Griffsystem, doch bringt dies keine Probleme mit sich, höchstens anfänglich für Kinder, die vorher Blockflöte gespielt haben. (Für alle andern Holzblasinstrumente wird ein modifiziertes Blockflöten-Griffsystem gebraucht.)

Den meisten Kindern fällt es leicht, der Klarinette einen Ton zu entlocken. Das Griffsystem finden sie logisch, und ihre eigenen Hände während des Spiels zu beobachten wirkt beruhigend auf sie.

Die Eltern staunen über die raschen Fortschritte ihrer Kinder auf diesem Instrument. In einigen Wochen spielen sie Melodien, und in einigen Monaten sind sie schon so weit, daß sie einem Schul- oder sonstigen Orchester beitreten können.

Körperliche Eignung

Bei der Klarinette nimmt der Spieler das Mundstück mit dem daran befestigten Blatt direkt in den Mund. Manchen Kindern gefällt das Vibrieren im Mundinnern sehr gut, andere hingegen erinnert es an den Zahnbohrer!

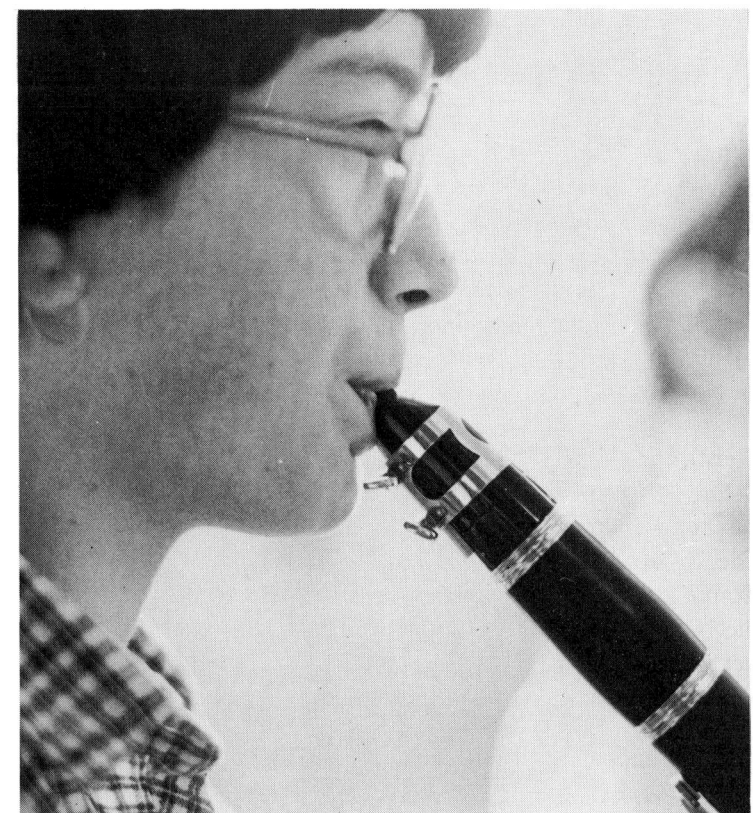

Auf der Klarinette einen Ton hervorzubringen, ist leichter als auf der Querflöte, weil das Blatt einen Teil der Arbeit verrichtet. Starke Vorderzähne – für die Querflöte ein Nachteil – sind für die Klarinette ein klarer Vorteil. Hingegen hat ein Kind, dem die Rachenmandeln entfernt wurden, wahrscheinlich nicht genug Atemdruck, um zwanglos spielen zu können.

Die Spielposition, mit den Händen klar sichtbar vor dem Körper, ist für die meisten Neun- bis Zehnjährigen bequem.

Überzeugen Sie sich, a) daß die Finger die Distanz zwischen den Klappen spannen können, die größer ist als bei der Flöte, b) die Fingerkuppen breit genug sind, um die offenen Löcher zu bedecken.

Geistige Eignung

Schnell lernende und ungeduldige Kinder freuen sich über die raschen Fortschritte auf der Klarinette.

Die Noten sind nicht schwer zu lesen, doch wegen des großen Tonumfangs des Instrumentes ist es trotzdem anstrengender, die Noten der Klarinette zu lesen und zu spielen als diejenigen der Querflöte oder Oboe.

Weil jeder Ton bei der Klarinette seinen eigenen Griff hat (aus technischen Gründen), verlangt sie einen hohen Grad an Koordination und Kontrolle der Finger. Bei Knaben, die mit Leidenschaft Modelle basteln und Dinge auseinandernehmen, ist die notwendige Geschicklichkeit häufig besser entwickelt als bei den meisten Mädchen.

Fortgeschrittenes Klarinettenspiel kann ein geistig agiles Kind stimulieren, da es den Gebrauch von zwei Instrumenten einschließt und manchmal auch Transposition (Versetzung in eine andere Tonart).

Persönliche Eignung

Klarinetten-Kinder neigen dazu, verschiedene Hobbys und Interessen zu pflegen und von einem zum andern zu flattern. Sie sind heiter und aufgeweckt, während ein Flöten-Kind eher träumerisch und vergeßlich scheinen mag.

Die Klarinette eignet sich eher für gesellige Kinder als für solche, die für sich allein spielen wollen.

Nach Erreichung einer Grundbeherrschung des Instrumentes beginnen sich die meisten Klarinettisten in ihrer eigenen Gesellschaft zu langweilen und freuen sich darauf, in Orchestern, Musikvereinen oder Klarinettenchören mitspielen zu können.

Eignungs-Wertung	✓ oder ✗
Körper	
Geist	
Persönlichkeit	

Das Saxophon

Diese Instrumentengruppe wird von den Eltern oft übersehen. Doch für Kinder, die klassische Musik nicht gern haben und kein Interesse daran haben, in herkömmlichen formellen Orchestern oder Kammermusik-Gruppen mitzuspielen, bieten sie eine Fülle von Möglichkeiten.

Es gibt vier verschiedene Saxophone: Sopran, Alt, Tenor und Bariton (ähnlich den vier verschiedenen Blockflöten). Älteren Kindern mit einem guten Sinn für Rhythmik kann das Alt- oder Tenorsaxophon großen Spaß bereiten.

Von allen Instrumenten ist der Klang des Saxophons der menschlichen Stimme am ähnlichsten. Vielleicht nicht der hohen Piepsstimme eines kleinen Kindes, doch der Stimme von der Pubertät an. Knaben im Stimmbruch und großgewachsenen Mädchen sagt der reine Sopranton der Block- oder Querflöte manchmal nicht mehr zu, doch werden sie vom tieferen gutturalen Klang des Alt- oder Tenorsaxophons angezogen. Anderseits gibt es nur wenige kleine Kinder oder zarte Mädchen, die den Klang dieses Instrumentes lieben.

Die Grifftechnik ist ähnlich wie bei der Blockflöte, der Querflöte und der Oboe. So können Kinder schon nach kurzer Zeit, wenn sie es wünschen, von diesen Blasinstrumenten problemlos zum Saxophon wechseln, im Bewußtsein, daß das bisher Gelernte nicht vergeblich war. Die Freiheit, in Jazz- und in Tanzbands zu improvisieren, zieht Jugendliche an, die ihre Persönlichkeit ausdrücken und kreativer spielen möchten, als dies mit vorgeschriebenen Noten in Orchestern möglich ist.

Saxophone sind teuer. Sie kosten ungefähr doppelt so viel wie Querflöten oder Klarinetten.

Körperliche Eignung

Nur wenige Kinder beginnen vor zwölf oder dreizehn Jahren mit dem Saxophon. Die Spielposition ist von diesem Alter an bequem. Das Gewicht des Instrumentes (Saxophone sind schwer) wird hauptsächlich durch die Schlinge um den Nacken getragen. Obwohl viel größer als Flöten, Oboen und Klarinetten, sind sie – da sie eine neuere Erfindung sind – leichter zu handhaben. Sie erfordern kein weites Strecken der Hände, hingegen eine gute Koordination der Finger, da man diese beim Spielen nicht sieht. (Eine Ausnahme bildet das Sopransaxophon, weil es klein genug ist, um vor dem Körper gehalten zu werden.)

Das große Mundstück erzeugt im Mund ein Vibrieren, das eine gleiche Rückkoppelung auslöst wie die Klarinette und starke Vorderzähne sowie volle Lippen verlangt.

Geistige Eignung

Schnelle Resultate für alle! Viel leichter zu lernen als Querflöte oder Klarinette. Das Sax ist leicht zu spielen, und auch die Noten sind nicht schwer zu lesen. Befriedigende Fortschritte werden ohne langes Üben erzielt.

Persönliche Eignung

Dieses Instrument eignet sich für Kinder, die als «oberflächlich» oder «nicht sehr konzentriert» bezeichnet werden, doch auf keinen Fall schwer von Begriff sind. Glückliche, ausgeglichene, gesellige Spieler, die keine allzu feste Beziehung zum Lehrer wollen, finden im Saxophon einen idealen Weg, um damit in die Welt hinauszugehen, mit Freunden Musik zu machen und Freunde mit Musik zu gewinnen.

Junge Menschen in der Adoleszenz, die schon klassische Instrumente spielen (wie Klavier oder Geige), werden oft vom

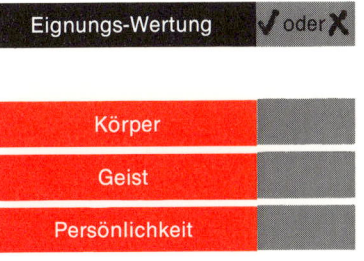

| Eignungs-Wertung | ✓ oder ✗ |

Körper	
Geist	
Persönlichkeit	

Sax angezogen, weil es für sie eine große Befreiung von vorgeschriebenen Noten und dem klassischen Stil bedeutet. Für sie
ist das Saxophon ein Instrument zum Spaß haben: leicht zu
lernen, laut – und geschaffen für die herrliche Freiheit der
Improvisation.

Die Oboe

In den Händen eines hervorragenden Berufsmusikers, der Kammer- und Orchestermusik spielt, kann die Oboe herrlich klingen. Von lernenden Kindern gespielt, ist der Klang meist unangenehm und kratzend. Dies ermutigt den Spieler wenig, und auch die in der Nähe weilenden Familienmitglieder freuen sich kaum darüber. Wenn Ihr Kind nur vage an die Oboe denkt oder die Schule es dafür motivieren will, damit es im Orchester mitspielen kann, gibt es nur einen Rat: Lassen Sie die Finger davon!

Die einzigen Kinder, die dieses Instrument gerne spielen, sind solche, die aus komplexen Gründen, die für außenstehende (sogar Eltern) schwierig zu enträtseln sind, hundertprozentig sicher wissen, daß dies ihr Instrument ist. Es muß im besten Sinne selbst erwählt werden. Meistens geschieht dies von Mädchen, die schon ein Instrument spielen, Noten lesen können, den Klang lieben oder den hinreichend festen Wunsch hegen, bei den Holzbläsern eines Orchesters mitzuspielen. Sie nehmen dafür das mühsame Üben und die lange Hingebung, die es braucht, um einige Fortschritte zu machen, in Kauf.

Die Fingertechnik ist ähnlich wie bei der Block- und Querflöte, die Lippentechnik hingegen außerordentlich schwierig zu erlernen.

Körperliche Eignung

Die wichtigste körperliche Voraussetzung ist die Form der Lippen. Sie sollten dünn und fest sein, über die Zähne gezogen werden können, um damit das enge Rohr zu halten, das in den Mund genommen wird. Das Vibrieren des Rohrblattes beim Spielen ist ein Gefühl, das manche Kinder lieben, andern wird es übel davon.

Die Öffnung zwischen den beiden Rohrblättern ist so eng, daß der Spieler den Atem durchpressen muß. Kinder und sogar gesunde Jugendliche können Kopfweh bekommen von dem durch das Pressen verursachten Rückdruck.

Die Oboe ist kein Instrument für zarte Kinder. Die Atemtechnik ist schwieriger als bei irgendeinem andern Blasinstrument. Es hat daher keinen Sinn, damit einen Versuch zu machen, wenn das Kind nicht wirklich körperlich fit oder gar athletisch ist – und je älter, desto besser. Die Oboe sollte niemals von Jugendlichen gespielt werden, die an chronischer Erkältung, Atemweg- oder Virusinfektionen leiden. Durch den Druck innerhalb des Kopfes kann die Infektion sich in die Augen oder das Hirn ausbreiten und dabei Komplikationen oder gar eine permanente Behinderung verursachen.

Geistige Eignung

Hier kann man unmöglich verallgemeinern! Es gibt keine schnellen Resultate, doch jeder entschlossen Lernende kann, mit unbedingtem Willen zum Erfolg und der nötigen Motivation, Fortschritte machen.

Persönliche Eignung

Die Oboe ist nicht für sehr Extravertierte. Hartnäckige, willensstarke Kinder mit festem Mund haben die besten Chancen. Eine starke und enge Beziehung zum Lehrer ist wesentlich für den Fortschritt. Unsichere oder sehr ernsthafte Jugendliche können durch eine solche Beziehung zu einem Erwachsenen außerhalb der Familie oft nur gewinnen.

Oboenspieler fühlen sich nicht sehr wohl unter vielen Leuten, doch haben sie meistens ein oder zwei enge Freunde. Sogar bei den Holzbläsern eines Orchesters bilden sie eine kleine Gruppe und bleiben unter sich.

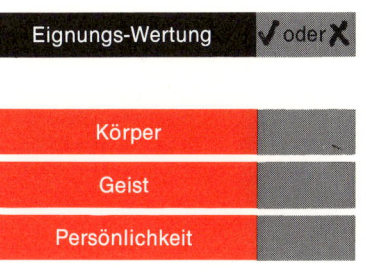

Eignungs-Wertung	✓ oder ✗
Körper	
Geist	
Persönlichkeit	

Das Fagott

Nur wenige Eltern ziehen das Fagott in Erwägung. Es ist ein großes Instrument, das für jüngere Kinder nicht zu empfehlen ist. Außerdem ist es sehr teuer.

Das Fagott ist mit einer Länge von ungefähr 1,50 Meter bei weitem das größte Holzblasinstrument und eben auch entsprechend teuer. Doch wenn sich ein Kind wirklich für das Fagott entschlossen hat und das Geld für den Kauf oder die Miete fehlt, lohnt es sich, in Musikschulen und Musikzentren gründlich nach einem Instrument zu suchen, das leihweise benutzt werden könnte. Dies kann für beide Teile vorteilhaft sein: Ihr Kind kommt zu einem Instrument, ohne das Familienbudget zu belasten, und die Schule oder das Musikzentrum gewinnt einen Fagottisten.

Alle Baßinstrumente erfordern ein gutes Gehör, um mit den Instrumenten der höheren Tonlagen harmonisch zusammenzuspielen.

Gewöhnlich wird das Fagott von Jugendlichen als zweites Instrument gewünscht, nachdem sie zuerst auf einem eigenständigen Instrument, wie etwa dem Klavier, spielen gelernt haben. Sie fühlen selbst – oder ein Lehrer weist sie darauf hin –, daß sie nun zum harmonischen Zusammenspiel bereit sind, anstatt allein Melodien zu spielen.

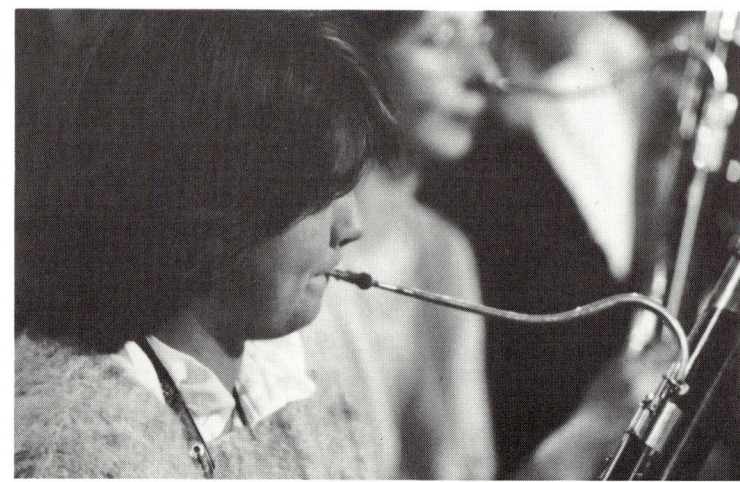

Körperliche Eignung

Das Fagott ist ein großes und schweres Instrument. Obwohl ein Teil des Gewichts beim Spielen von einer Spitze oder einer Schlinge getragen wird, sind wenig Kinder unter dreizehn groß und stark genug dafür und verfügen darüber hinaus noch über die nötige Fingerspannweite und genügend große Fingerkuppen, um es spielen zu können.

Das Rohr ist ähnlich wie bei der Oboe, nur viel breiter und dicker. Die Lippen des Spielers werden zurückgezogen, um es zu ergreifen. Doch erfordert es keinen so festen Griff wie bei der Oboe.

Wichtig ist ferner ein gutes Koordinationsvermögen, da der Spieler beim Spielen weder die Klappen noch die Finger sehen kann.

Geistige Eignung

Hier gibt es keine speziellen Anforderungen. Manche langsam Lernenden werden durch den warmen Klang dieses sehr «menschlichen» Instrumentes angezogen. Die Noten sind relativ leicht zu lesen, doch im Baßschlüssel geschrieben.

Persönliche Eignung

«Entgegenkommend», «liebenswürdig», «kontaktfreudig» sind die Attribute, die den meisten Fagottisten zugeschrieben werden könnten. Dazu gesellt sich ein ruhiger Sinn für Humor. In der Tat, Fagottspieler neigen dazu, die Spaßvögel des Orchesters zu sein. Das Fagott kommt *im Orchester* zum Zuge. Es ist kein Instrument, um allein gespielt zu werden.

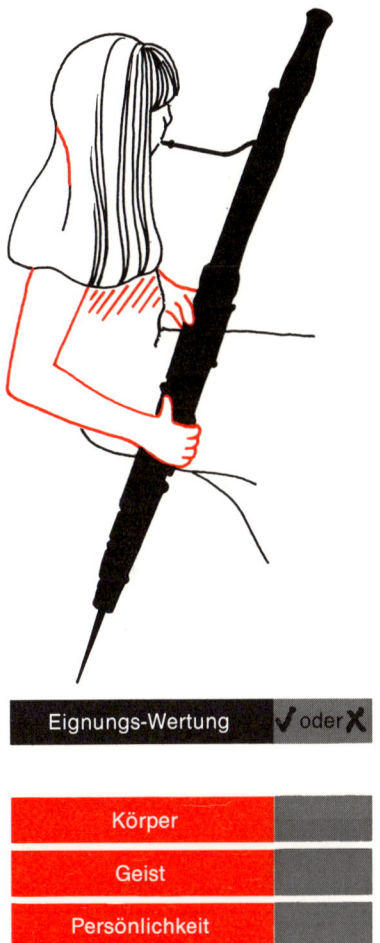

Eignungs-Wertung	✓ oder ✗
Körper	
Geist	
Persönlichkeit	

55

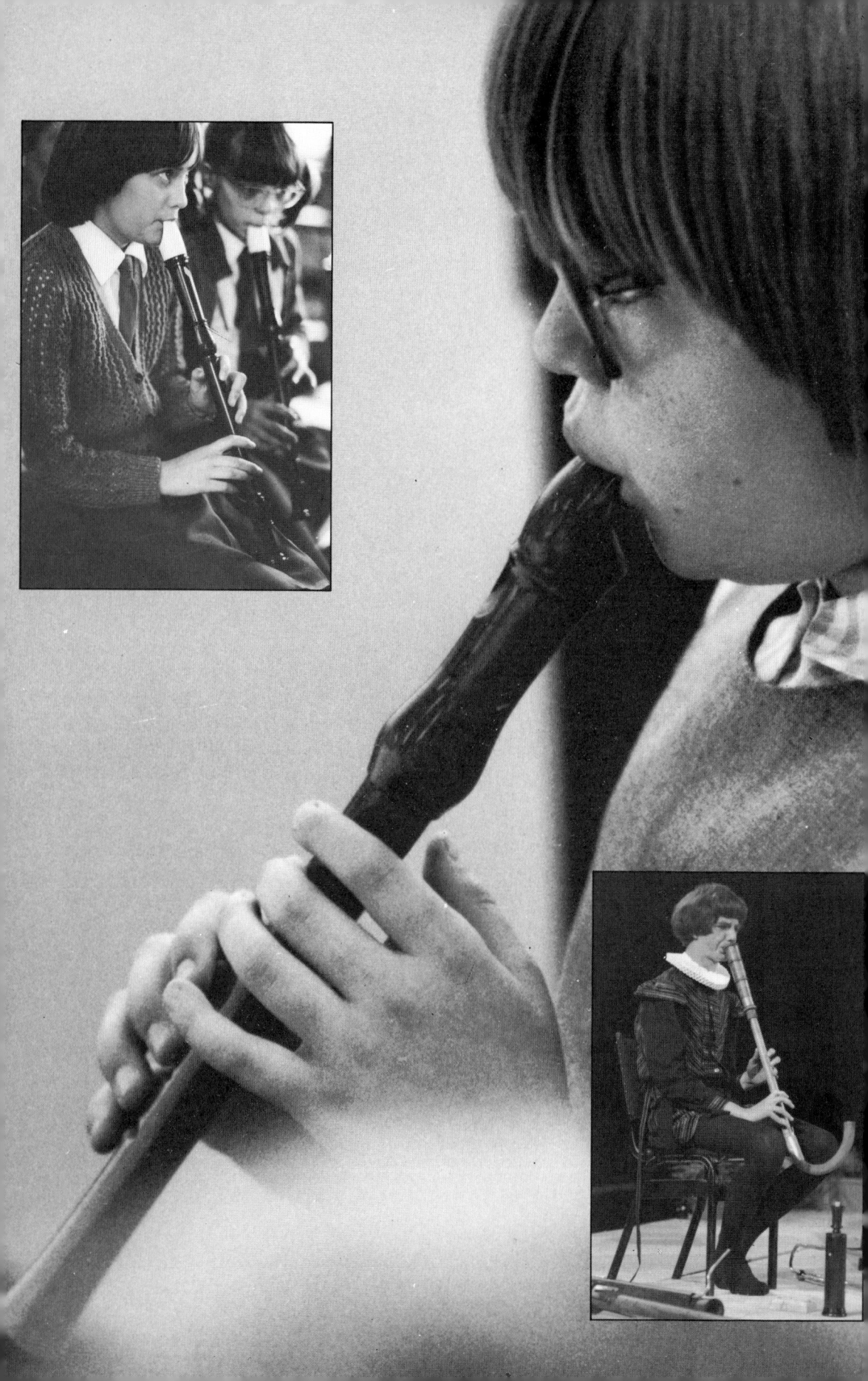

Die Blockflöte

Die Blockflöten bilden eine ganze Untergruppe bei den Holzblasinstrumenten, eine Reihe, die vom kleinen Sopranino (mit dem sehr hohen Ton) über Sopran-, Alt-, Tenorblockflöte bis zur größten, der Baßblockflöte, reicht.

Obwohl Schulen manchmal die ganze Reihe besitzen, ist die Sopranblockflöte die von den meisten Kindern gespielte. Blockflöten sind einfache Röhren, die in präzisen Abständen Löcher aufweisen. Die Grundkonstruktion dieses Instrumentes wurde vor Zehntausenden von Jahren entwickelt, und in allen primitiven Kulturen der Welt ist es in fast gleicher einfacher Ausführung zu finden. Eine Sopranblockflöte ist das billigste richtige Instrument.

Die Blockflöte ist kein Spielzeug, sondern ein wirkliches Instrument. Tatsächlich ist die fortgeschrittene Blockflötentechnik außerordentlich schwierig. Wie bei allen einfachen Instrumenten – die Geige ist ein anderes Beispiel dafür – hat der Spieler die ganze Arbeit zu verrichten und dies ohne Ventile, Klappen oder andere mechanische Hilfen. Unglücklicherweise gibt es nur wenige Musiklehrer, die Lektionen in fortgeschrittener Blockflötentechnik erteilen. Die meisten Kinder verlieren das Interesse an diesem Instrument oft aus keinem andern Grunde als dem Mangel an einem progressiven, strukturierten Unterricht.

Doch wenn auch nicht sehr viele Kinder zu einem hohen Standard im Blockflötenspiel vordringen, können doch fast alle von der Blockflöte als einem Vorbereitungs-Instrument profitieren. *Das Blockflöten-Spielen ist ein ausgezeichnetes Mittel, um ein Kind mit den Grundprinzipien eines Instrumentes und mit dem Notensystem bekannt zu machen.* Nicht alle Kinder ziehen einen Gewinn aus dem Blockflöten-Unterricht in der Schule. Weil die Lektionen fast immer in Gruppen erteilt werden, lernen wenige Kinder das Instrument wirklich spielen, während die andern einfach dem Vorspieler folgen.

Wenn Ihr Kind das Blockflötenspiel in Gruppenlektionen lernt, kann dieses Instrument ein sehr nützliches Richtmaß für Sie sein. Solange das Kind glücklich ist, das in der Schule gelernte, einfache Repertoire von Melodien allein oder mit Freunden zu spielen, ist es noch nicht bereit, um mit ernsthaften Lektionen auf einem andern Instrument anzufangen. Der richtige Zeitpunkt, um auf ein technisch weiter fortgeschrittenes Instrument zu wechseln, kommt, wenn sich das Kind bei

den Gruppenlektionen und den begrenzten technischen Möglichkeiten der Blockflöte zu langweilen beginnt.

Körperliche Eignung

Für die meisten Kinder ist das Halten der Blockflöte bequem und angenehm. Ein Kind, das die Blockflöte nicht gern in den Mund nimmt oder die Atemtechnik anstrengend findet, wird sie nicht mit Vergnügen spielen.

Für das Blockflötenspiel werden zuerst die Finger der linken Hand gebraucht. Die meisten Sechsjährigen besitzen das körperliche Koordinationsvermögen, um linkshändig Melodien zu spielen. Die Probleme stellen sich dann ein, wenn es nach ein paar Monaten notwendig wird, einzelne Finger beider Hände zu koordinieren, manchmal zusammen, manchmal separat. Manche acht- bis neunjährigen Kinder (auch manche Erwachsene) können dies nicht. Zum Vergleich: Ein Blechblasinstrument wird nur mit drei Fingern einer Hand gespielt.

Blockflötenspielen erfordert wenig Energie und setzt auch wenig Energie frei. Zarte Kinder – selbst solche mit Atemproblemen – erleben die Genugtuung, mit einem Minimum an körperlichem Aufwand einen musikalischen Ton zu erzeugen. Weil mit der Blockflöte wenig Energie abreagiert werden kann, geben Knaben sie häufig früher auf als Mädchen.

Geistige Eignung

Die meisten Kinder im Schulalter sind imstande, einfache Melodien auf der Blockflöte zu erlernen, indem sie zuerst nur die linke Hand benutzen.

Persönliche Eignung

Kinder, die gerne singen, spielen auch die Blockflöte mit großem Vergnügen. Ausgelassene Kinder dagegen finden den Klang und die Musik unbefriedigend.

Ruhige, sanfte Kinder, die auf der Sopranblockflöte gut vorankommen, gehen zu den andern Blockflöten über und spielen in Junioren-Orchestern, Blockflöten-Gruppen und andern Musikgruppen für Alte Musik mit. Hier können sie in harmonisch strukturierten Ensembles «wirkliche Musik» spielen.

Eignungs-Wertung	✓ oder ✗

Körper	
Geist	
Persönlichkeit	

Vielleicht haben Sie nicht an die Blechblasinstrumente gedacht, doch viele Kinder, vor allem Knaben, fühlen sich zu diesen glänzenden, kraftvollen Instrumenten hingezogen, und auch immer mehr Mädchen spielen die weniger aggressiven Instrumente von mittlerer Klanghöhe.

Die Blechblasinstrumente haben viele Vorteile:

– Jedes Kind, das aus der Erinnerung eine Melodie singen oder pfeifen kann, ist imstande, ein solches Instrument spielen zu lernen.

– Anfänger-Instrumente sind billig und werden oft von lokalen Musikbands gratis zur Verfügung gestellt.

– Sie sind robust und brauchen wenig Pflege, außer der Reinigung und gelegentlicher Ölung der beweglichen Teile.

– Sie sind sehr dauerhaft und behalten den Wert für den Wiederverkauf sehr gut.

– Zum Spielen braucht es nur drei Finger der rechten Hand, im Gegensatz etwa zum Klavier oder zur Klarinette, die ein präzises Koordinationsvermögen aller zehn Finger erfordern. Nur für ausgesprochene Linkshänder kann es eventuell ein Problem geben.

– Die Lernkosten brauchen nicht hoch zu sein, da Blechblasinstrumente normalerweise in Gruppen und durch Musikverbände und weniger in Privatlektionen unterrichtet werden.

– Das Ziel beim Erlernen eines Blechblasinstrumentes ist das Mitspielen in einem Musikverein. Dadurch wird das Kind zum Mitmachen in einer Gemeinschaft aktiviert, und es gehört zu einem Musik-Jugendklub.

– Mit einem Blechblasinstrument kann eine Menge Energie, die sich beispielsweise bei einem fernsehsüchtigen Kind aufgestaut hat, abreagiert werden. Nach dem Musizieren mit den Kameraden fühlt man sich an Leib und Seele gut, wie nach einer Yogastunde oder einem Fußballspiel.

– Es gibt für jeden Körperbau eine geeignete Größe, vom kleinen, leichten Kornett bis hin zur massiven Tuba. Blechblasinstrumente tragen zur Bildung eines gesunden Körperbaus bei.

– Das Erlernen dieser Instrumente umspannt einen weiten Bogen der verschiedenen geistigen Eigenheiten. Schnell und brillant auffassende Kinder können sich mit dem schwierigen und nie endenden Repertoire des Solokornetts befassen. Lang-

sam Lernende musizieren glücklich im Hintergrund mit gleichartigen Kameraden der Tuba- oder Baßabteilung.
– Dank dem Fortschritt auf diesem Gebiet ist es möglich, alle Arten von Musik zu spielen. Welche Art von Musik Ihr Kind auch vorzieht, es kann sie in den für diese Instrumente umgeschriebenen Bearbeitungen finden. Von früher Musik über Klassik, Jazz, modernen Pop bis hin zu leichter Unterhaltungsmusik.

Drei generelle Nachteile bleiben zu erwähnen:

– Es gibt Kinder, die die körperliche Rückkoppelung dieser Blasinstrumente nicht lieben, wie das Vibrieren der Lippen gegen das Mundstück und das Hineinblasen der Luft ins Instrument mit vollen Lungen.
– Ausgeprägte Alleingänger ertragen die enge körperliche und emotionale Verbindung mit einer Band nicht (und nur das Waldhorn ist für den alleine Spielenden befriedigend).
– Es ist notwendig, eine lokale Juniorenband, ein Orchester oder irgendeine Blasgruppe zu finden.

Während die Eltern die Blechblasinstrumente mehr als einen Teil eines Sinphonieorchesters sehen, denken moderne Kinder dabei eher an einen Verein oder ein Tanzorchester. Es lohnt sich, die Blechblasinstrumente der Orchester von denen der Vereine zu unterscheiden. Wenn Sie nämlich in einer Gegend wohnen, wo es Schulorchester und keine Bands gibt oder umgekehrt, hat es keinen Sinn, ein Instrument zu erlernen, mit dem das Kind nicht mit andern zusammen spielen kann. Mit einem Teil dieser Instrumente kann an beiden Orten gespielt werden, andere sind entweder für Vereine oder Orchester geeignet.
Die Abteilung der Blechblasinstrumente im Orchester umfaßt ein Spektrum von kleinen, hochtönenden bis hin zu großen, tieftönenden Instrumenten: Trompete, Waldhorn, Posaune, Tuba. In Juniorenorchestern wird die Trompete manchmal durch das Kornett ersetzt.
Ein Blechbläserverein ist wie ein Chor. Anstelle der Stimmen gibt es die kleinen, hochtönenden Instrumente, welche die Melodie spielen; die mittelgroßen Instrumente in den mittleren Tonlagen bestimmen die Harmonik, und die großen Baßinstrumente geben die tiefe, solide Basis. Die Reihenfolge von hoch zu tief ist: Kornett (das den größten Teil der Melodien spielt), Tenorhorn, Bariton, Posaune, Euphonium, Es-Tuba und Tenortuba.
Zu den Blechblasinstrumenten gehören ferner: Das Posthorn, das große Posthorn, die Piccolo-Trompete, das Flügelhorn;

doch als erste Instrumente werden sie sehr selten von Kindern
gespielt.

Das Bügelhorn oder Signalhorn ist ausgezeichnet zum Starten
für Kinder, die noch nicht alt genug sind, um mit einem Instrument mit Ventilen zu beginnen. Es ist kein progressives Instrument. Seine einfache Konstruktion beschränkt es auf nur fünf
Töne, doch kleineren Kindern, die liebend gern ein Blechblasinstrument spielen möchten, bereitet es oft großen Spaß, für
eine Weile einem Marschverein anzugehören. Dies bedeutet
keine Zeitverschwendung, weil sie dabei Ohren und Lippen
trainieren können. Dies ist zum Spielen der Blechblasinstrumente sehr wichtig. Dazu kommt die Freude, zum erstenmal in
einem Verein mitzuspielen.

Die Auswahl auf dem Gebiet dieser Instrumente ist höchst
vielfältig. Bei den meisten Kindern über acht bis neun Jahren
figuriert ein Blechblasinstrument in der engeren Wahl. Ausgenommen sind die Kinder, auf die einer der aufgeführten Nachteile zutrifft.

Das Kornett

Sofern Sie nicht gute Kenntnisse der Blechblasinstrumente besitzen, werden Sie das Kornett kaum beachten. Weil Sie es fälschlicherweise für eine Art Trompete halten.

Es ist viel mehr als das. Das Kornett macht Spaß. Für Kinder von acht Jahren an aufwärts ist es ein herrliches Instrument zum Lernen. Es hat einen gefälligen Klang und hört sich sanfter an als die Trompete. Melodien lassen sich gut darauf spielen, und oft wird es von kleineren Kindern als Vorbereitungs-Instrument für andere Blechblasinstrumente benützt.

Doch das Kornett ist mehr als ein Vorbereitungs-Instrument. Es ist das führende Instrument in einem Blechblasverein. Es ist genauso wichtig wie die Trompete in einer Tanzband oder die Geige in einem klassischen Orchester.

Blechmusikvereine werden im allgemeinen von aktiven, großzügigen Menschen geleitet. Ein Hauptanliegen der Spieler ist es, der nächsten Generation beim Spielen zu helfen und sie zu ermutigen. Es ist eher die Regel als die Ausnahme, daß eine Band jungen Lernenden ein Instrument frei zur Verfügung stellt. Gelernt und geübt wird meistens in gemeinsamen Proben und nur selten in individuellen Lektionen. In einer Juniorenband ist jedes Kind willkommen, um den dritten Kornettpart zu spielen. Es kann mit den ein bis zwei Tönen, die es gleich zu Anfang lernt, beginnen und stufenweise mit fortschreitender Technik mehr spielen. Im Laufe der Zeit kann es zum zweiten Part und ersten Part übergehen. Die Allerbesten unter ihnen können Solokornettisten werden und damit die Stars in der Welt der Blechblasvereine.

Körperliche Eignung

Das Kornett ist leicht zu halten und zu spielen. Die Hände werden in bequemer Nähe des Körpers gehalten. Obwohl es äußerlich ein wenig wie eine kurze, geringelte Trompete aussieht, ist es inwendig verschieden konstruiert. Es erfordert viel weniger Blaskraft als die Trompete.

Asthmatische Kinder oder solche, die ein Bronchialleiden haben, können durch das Kornett gesundheitlich in hohem Maße profitieren. Das Spielen dieses Instrumentes ist eine sanfte Übung, die den Körper eher aufbaut als anstrengt. Darüber hinaus genießen es viele Kinder, endlich eine Gruppenaktivität zu finden, zu der sie ihren Teil beitragen können.

Manches gesunde, lebhafte siebenjährige Kind hätte vielleicht

schon genug Kraft, um das Kornett zu blasen, doch erweist es sich als besser zu warten, bis die zweiten Zähne fest im Zahnfleisch verankert sind.

Es braucht nur drei Finger der rechten Hand, um die Ventile zu betätigen. Für die meisten Kinder ist dies kein Problem. Jedes Kind, das die körperliche Rückkoppelung der Lippenvibration und des Blasens gern hat, wird ohne weiteres die nötige Lippenkoordination finden. Kinder, die diese körperlichen Rückkoppelungen nicht lieben, werden niemals glücklich sein mit einem Blechblasinstrument.

Geistige Eignung

Ein Instrument sowohl für eher beschauliche als auch sehr lebendige Kinder. Erstere weilen glücklich in der dritten und zweiten Kornettgruppe, während ehrgeizige, lebhafte Kinder durch die verschiedenen technischen Stadien zu den anspruchsvollen Soloparts vordringen.

Persönliche Eignung

Die meisten kontaktfreudigen Kinder lieben das Kornett. Das leichtlebige Kind wird unbeschwert in der dritten Sektion mitspielen, das aggressive, dominante oder ehrgeizige Kind (das päter vielleicht zur Trompete wechselt) kann in der erregenden Spannung des ersten Kornetts ein Ventil für seine Energie finden.

Einem Juniorenverein beizutreten ist eine ausgezeichnete Aktivität für ein Kind, das sich von der Familie unabhängig fühlen möchte.

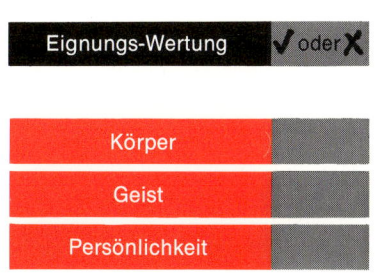

Eignungs-Wertung	✓ oder ✗
Körper	
Geist	
Persönlichkeit	

Die Trompete

Die Trompete ist ein kraftvolles, aggressives Instrument für kontaktfreudige, dominante und körperlich kräftige Kinder, hauptsächlich für Knaben.

Kinder, die ein hochtönendes Blechblasinstrument spielen möchten, jedoch nicht dominierend oder körperlich kräftig sind – oder noch zu jung sind, um mit der Trompete zu beginnen –, sind mit dem Kornett viel besser versehen.

Alle Blechblasinstrumente werden auf die gleiche Weise geblasen. Der Spieler spannt die Lippen gegen das Mundstück und preßt die Luft mit großem Druck durch eine kleine Lippenöffnung. Dieser Grundton wird dann durch die Größe und die Form des Instrumentes moduliert – ähnlich wie bei den altmodischen Grammophons, bei denen das Horn das Schwingen der Nadel auf der Plattenoberfläche verstärkte. Bestimmte Töne werden durch Spannen und Lockern der Lippen erzeugt, und indem eines oder mehrere Ventile betätigt werden (bei der Posaune durch Verschieben des Zugbogens).

Die Öffnung am Mundstück der Trompete ist sehr klein, deshalb braucht es viel Kraft, um die Luft hindurchzublasen. Dabei ist das Instrument nicht entsprechend groß, so daß der Ton nicht wirkungsvoll verstärkt wird. Um dies auszugleichen, muß der Spieler genügend Luft in das Instrument pressen. Je höher der Ton, desto mehr Luftdruck ist erforderlich.

Die Trompete ist demnach kein Instrument für zarte oder empfindliche Kinder.

Natürlich ist es möglich, auf der Trompete ruhig zu spielen
Tatsächlich wird in Orchestern meistens so gespielt. Doch is
es nicht diese Art des Trompetenspiels, das auf manche Kinde
so attraktiv wirkt.

Nur wenigen Kindern macht es Freude, allein auf der Trom
pete zu spielen und zu lernen. Trompeter wollen mit ander
spielen und sie dominieren. Ein Juniorenorchester ist dazu
nicht geeignet. Daher ist es wichtig, sich genau zu informieren
ob die Möglichkeit besteht, in einer Junioren-Tanzband, Show
band, Bigband oder in einem Konzertverein mitzuspielen. De
lokale Blasmusikverein kann meistens hier nicht helfen (wei
darin keine Trompeter vorkommen), doch einige Junioren
Blasmusikvereine erlauben jungen Trompetern, in der Kornett
gruppe mitzuspielen.

Körperliche Eignung

Das Trompetenspiel verlangt Energie – die Art konzentrierter Energie, die ein Mittelstürmer beim Fußball braucht. Die Größe des Kindes allein ist nicht wichtig. Manche Kinder, die klein für ihr Alter sind, fühlen sich beim lauten Spielen auf der Trompete sehr wohl.

Das beste Alter zum Beginnen sind zehn oder elf Jahre. Kinder, die früher beginnen – bevor Zähne und Gaumen gefestigt sind – riskieren eine Deformation des Mundes.

Geistige Eignung

Der Trompetenspieler muß lebhaft sein. Er hat mehr Noten zu lesen und zu spielen als die andern Spieler. Er ist ständig so gut zu hören, daß auch jeder Fehler für alle andern deutlich erkennbar ist.

Persönliche Eignung

Die Trompete ist ein dominantes oder Soloinstrument, das sich für ein «Primadonna-Temperament» eignet. Trompeter sind unabhängige Kinder, die das Spiel der Gruppe dominieren wollen. Sie haben die Nerven, lange Solos zu spielen, streben nach Erfolg, riskieren aber einen Mißerfolg vor Kameraden und Freunden. Diese Charakteristiken gehen mit Dynamik zusammen und sind in Kindern zu finden, die gerne einen Schritt weiter gehen, als die Sicherheit erlaubt.

Trompeter sind Individualisten, die nicht zur Gruppe gehören. Doch vertragen sie sich gut mit den andern Kindern, vorausgesetzt, daß das Rampenlicht auf sie fällt.

Eignungs-Wertung	✓ oder ✗
Körper	
Geist	
Persönlichkeit	

Das Tenor- und das Baritonhorn

Diese Instrumente – sie sehen aus wie kleine Tubas – sind nur in Musikbands zu finden. Das Tenorhorn ist kleiner und leicht zu halten und zu spielen; das Baritonhorn ist etwas größer und klingt tiefer.

In diesen beiden Abteilungen der Musikbands sind proportional am meisten Mädchen zu finden. Anhand des Bildes ist zu sehen, warum die Knaben scherzen über die Mädchen, die «ihre Babytubas» hätscheln.

Tenor- und Baritonhorn spielen zu lernen ist eine gute Vorbereitung für größere und tiefere Blechinstrumente sowie das technisch anspruchsvollere Waldhorn und das Flügelhorn.

Körperliche Eignung

Diese Instrumente sind leicht zu halten und zu spielen für Knaben und Mädchen von neun Jahren an aufwärts.

Unter allen Blechblasinstrumenten verlangen diese Hörner am wenigsten Kraft. Ein kleiner Atemstoß in das eigroße Mundstück setzt sich lange fort und produziert den vollen, weichen Ton, der für diese Instrumente charakteristisch ist.

Geistige Eignung

Die Noten sind nicht schwierig zu lesen. Die andern Spieler der Abteilung sind meistens gerne behilflich, so daß auch Kinder, die in der Schule nicht glänzen, hier ein Gebiet finden, wo sie gute Fortschritte und gute Leistungen erbringen können und das Gefühl haben, für die Band genauso wichtig zu sein wie alle andern.

Persönliche Eignung

Diese Instrumente sind sehr befriedigend für zarte Kinder, die nicht dominieren und Leitmelodien spielen wollen, aber trotzdem gerne einer Gruppe angehören. Es sind unbeschwerte, zugängliche Kinder, die es lieben, «in der Mitte dabei zu sein» - wie die Violaspieler im Orchester. Verantwortungsbewußt und niemals diktatorisch, werden sie oft zu organisatorischen Aufgaben angehalten, wie Arrangieren der Proben, Verwaltung der Musiknoten usw.

Eignungs-Wertung	✓ oder ✗
Körper	
Geist	
Persönlichkeit	

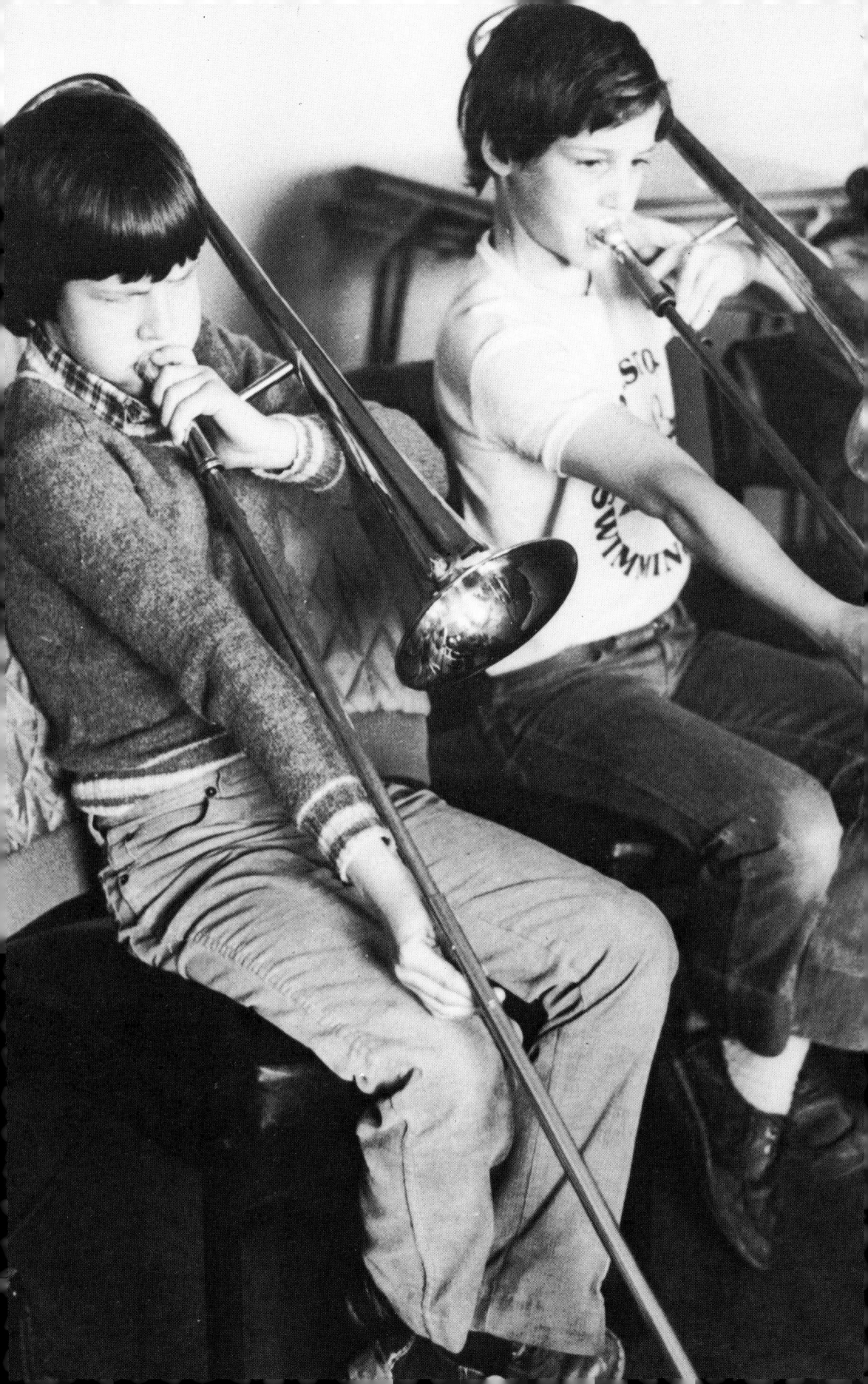

Die Posaune unterscheidet sich von allen andern Blechblasinstrumenten. Diese sind «halbmaschinell» konstruiert, mit Ventilen, um die verschiedenen Töne zu erzeugen. Auf der Posaune – wie bei der Geige – hat der Spieler jeden Ton selbst zu bilden. Der Zugbogen muß mikroskopisch genau auf die Position eingestellt werden, die den gewünschten Ton hervorbringt. Dies ist für ein künstlerisch begabtes oder kreatives Kind sehr befriedigend.

Die Ventile der andern Blechblasinstrumente werden eher ruckweise und mechanisch betätigt (Rückstellung durch Federkraft), während bei der Posaune die fließenden Bewegungen des rechten Armes und des Handgelenks ein Vergnügen sind für Kinder, die sich gerne im Einklang mit der Musik bewegen.

Die Posaune ist ein lyrisches Instrument. Kinder, die Freude an ihrer Stimme haben, gerne singen und darüber hinaus noch Vergnügen an der Rückkoppelung der Lippenvibration gegen das Mundstück finden, werden sich fast immer für die Posaune entscheiden. Sie ist das Blechblasinstrument, dessen Musik der menschlichen Stimme am nächsten kommt.

Singfreudige Kinder sind daher im Vorteil. Ein genaues Musikgehör ist wesentlich. Die Posaune hat keine Ventile, um die Töne mechanisch zu erzeugen. Der Posaunist muß die Töne selbst bilden und überprüfen. Gleichzeitig überwacht er den Klang der andern Instrumente und paßt ihnen seine Intonation an.

Nur wenige Eltern können das Musikgehör ihrer Kinder richtig einschätzen, doch jeder Musiklehrer kann mit ein paar Tests, zum Beispiel dem Bentleytest, feststellen, ob das Kind musikalisch genug ist, um die Posaune zu spielen.

Jüngere Kinder werden gewöhnlich zu den hochtönenden Instrumenten hingezogen, weil diese ungefähr die gleichen Tonlagen wie ihre Stimmen aufweisen. Jugendliche, besonders Knaben, die früh den Stimmbruch haben, und großgewachsene Mädchen, deren Stimme tiefer ist als die ihrer kleineren Kameradinnen, werden ebenfalls von der Tenor-Tonlage der Posaune angezogen.

Körperliche Eignung

Die Posaune ist nicht wie die Trompete ein Instrument, um überschüssige Kraft abzureagieren. Sie eignet sich für körper-

lich ausgeglichene Kinder mit der verhaltenen Energie, die gute Eisläufer oder Athleten aufweisen. Obwohl die Posaune lang ist, ist sie viel leichter zu handhaben und zu halten, als Sie vielleicht annehmen.

Das beste Alter, um mit der Posaune zu beginnen, liegt zwischen elf und zwölf Jahren. Jüngeren Kindern bereitet das Strecken des rechten Armes Probleme.

Das Mundstück ist sehr viel größer als beim Kornett oder der Trompete und verlangt daher vollere Lippen.

Die Posaune ist das einzige Blasinstrument (Holz- und Blechblasinstrumente eingeschlossen), das sich auch für Kinder mit sehr schlechter Fingerfertigkeit eignet. Die Finger haben nichts anderes zu tun, als das Instrument zu halten und den Zugbogen ein- und auszuschieben.

Geistige Eignung

In einem Blechmusikverein ist die Rolle des Posaunisten nicht sehr anspruchsvoll. Die Noten sind im Violinschlüssel geschrieben und tragen zur Harmonie der höhertönenden Instrumente bei. Im Orchester wird mehr Hirnarbeit von ihm verlangt, weil der Part der Posaune in drei verschiedenen Schlüsseln geschrieben sein kann (entsprechend dem großen Tonumfang des Instrumentes). Die Posaune ist das vielseitigste unter den Blechblasinstrumenten. So hat der jugendliche Spieler, der sich mit der Rolle in seiner Blechmusikband oder seinem Orchester langweilt, die Möglichkeit, in Tanzbands, Bigbands, Konzertvereinen mitzuspielen; er kann die freie Improvisation in Jazzgruppen suchen oder sich im ernsthaften Mitspielen in der Blech-Kammermusik verwirklichen. Die meisten Posaunisten sind aufgeweckt und schnell auffassend und spielen mit dem gleichen Vergnügen und guter Anpassungsfähigkeit mehr als eine Art Musik.

Persönliche Eignung

Weil bei der Posaune jeder Ton vom Spieler selbst «gebildet» wird, ist sie das Blechblasinstrument, das künstlerisch begabten Kindern am meisten Erfüllung bietet. Ganz besonders trifft dies auf Jugendliche in der Adoleszenz zu, die ihrer Persönlichkeit im Improvisieren in Jazzbands oder anderswo Ausdruck geben wollen.

Die meisten Kinder, die mit Erfolg Posaune spielen, sind ruhig, kontaktfreudig, empfindsam und künstlerisch veranlagt.

Eignungs-Wertung	✔ oder ✘
Körper	
Geist	
Persönlichkeit	

Das Euphonium

Das Euphonium sieht aus wie ein zu groß geratenes Bariton-horn oder eine zu klein geratene Tuba. Es ist aber mehr als das, denn es besitzt eindrucksvolle eigene Qualitäten. Der Gedanke, daß dieses große Instrument im oberen Stock eines Hauses gespielt wird, während die übrige Familie mit Hausauf-gaben oder anderer Musik beschäftigt ist, mag beängstigend sein. Doch tatsächlich ist sein Klang sehr ruhig, weit weniger durchdringend als bei kleineren hochtönenden Instrumenten.

Der Name – «Euphonium» – bedeutet «wohlklingend». Wir erwarten heute, daß Melodien nur von Instrumenten mit sehr hoher Tonlage oder sehr lauter Klangfarbe gespielt werden, doch in den Blechblasbands ist das Euphonium das zweitwich-tigste Instrument nach dem Kornett. Es trägt in den Baßtonla-gen zur Harmonik des Ganzen bei, hat jedoch fast in jedem Konzert auch einen charakteristischen Solopart.

Körperliche Eignung

Das Euphonium ist ein Instrument, zu dem Kinder – meist Knaben, die Tenor- oder Baritonhorn spielen – hinüberwech-seln, wenn sie groß genug sind, um damit umzugehen, und den nötigen Atemdruck besitzen.

Geistige Eignung

Das Euphonium eignet sich für ruhige, intelligente Kinder, die den melodischen Klang lieben, gerne Melodien spielen, doch nicht die nötige Aggression für hochtönende Instrumente haben und auch nicht von ihnen angezogen werden.

Persönliche Eignung

Zugängliche Kinder. Für einen Euphoniumspieler, der munter drauflos spielt, ohne auf die hohen Instrumente zu achten, gibt es in einer Band keinen Platz.

Eignungs-Wertung	✓ oder ✗

Körper	
Geist	
Persönlichkeit	

Die Tuba, Es-Tuba, Tenortuba

Tuba» wird das Instrument in einem Orchester genannt. In Blechblasbands heißt dasselbe Instrument Es-Tuba oder Tenortuba.

Wie immer der Name, jedenfalls handelt es sich um ein großes Instrument, doch braucht es weniger Kraft zum Spielen als das Piccolo oder die Trompete. Dies ist auf das Funktionieren des Instruments zurückzuführen. Es muß keineswegs bei jedem Ton mit Luft aus den Lungen angefüllt werden. Die Größe der Tuba verstärkt das Tonvolumen, wie das Horn bei den altmodischen Grammophons. Deshalb sind die Kraftansprüche an den Spieler nicht sehr groß.

Probleme können sich beim Tragen, Transportieren im Bus und Plazieren im Zimmer ergeben.

Der einzelne Tubaspieler im Orchester kann sich einsam fühlen, doch Es-Tuba oder Tenortuba zusammen mit der übrigen Baßgruppe in einem Blechblasverein zu spielen, kann großen Spaß machen.

Körperliche Eignung

Überschüssige Kraft, die ein Kind aggressiv macht, ist bei diesem Instrument fehl am Platz. Manche leicht übergewichtigen Kinder, die keine Energie zum Verschwenden besitzen, fühlen sich mit der Tuba sehr wohl.

Geistige Eignung

Es braucht keinen agilen Geist. Die Noten sind nicht schwer zu lesen und wiederholen sich; nur selten wird schnell gespielt. Ein gutes Gefühl für Rhythmik ist sehr wünschenswert und macht das Spielen zum Vergnügen. Die kurzen Solos mögen nicht ungemein aufregend sein, doch sind sie sehr dankbar zum Spielen.

Persönliche Eignung

Verantwortungsvolle, gutmütige Kinder, die gerne einer Gruppe angehören, spielen zufrieden in Vereinen oder Orchestern auf diesen Instrumenten, die für Außenstehende sich endlos in den gleichen Tonlagen zu ergehen scheinen. Mit dem Fußballspiel verglichen: Der Spieler im Goal hat oft lange herumzuhängen, doch im richtigen Augenblick ist sein Einsatz lebenswichtig.

Eignungs-Wertung	✓ oder ✗
Körper	
Geist	
Persönlichkeit	

81

Bis hieher haben wir die Blechblasinstrumente von den hohen Tonlagen nach unten hin behandelt. Das Waldhorn ist nicht etwa das tiefste Instrument; wir befassen uns zuletzt mit ihm, weil es das schwierigste ist, den meisten Kindern wenig bietet und überhaupt verglichen mit den andern Blechblasinstrumenten eine Ausnahme darstellt.

Als erstes Instrument ist das Waldhorn für Kinder nicht empfehlenswert. Zu Beginn macht es keinen Spaß. Wie die Oboe muß es selbst erwählt werden, und es zieht auch gleichartige Kinder an wie die Oboe.

Es erfordert eine anspruchsvollere Technik als jedes andere Blechblasinstrument, um seinen spezifischen Klang in voller Schönheit hervorzubringen. Eine Position der Finger auf den drei Drehventilen kann bis zu zwanzig Töne erzeugen. Nur ein absolutes Musikgehör, auch für die höchsten Lagen, befähigt den Spieler, die richtigen Töne sozusagen aus der Luft zu greifen, allein durch Lippenkontrolle.

Fast jedes Kind, das dieses Instrument erfolgreich spielen lernt, hat alle Probleme, die sich beim Notenlesen ergeben können, vorausgehend überwunden, sei es beim Klavierspiel, mit einem andern Instrument oder beim Singen, und verspürt dann den dringenden Wunsch, gerade dieses spezielle Instrument zu spielen.

Elterliche Hilfe und Ermutigung sind besonders in der ersten Zeit nötig. Das Waldhorn wird in Orchestern und nicht in Blechblasvereinen gespielt. Die freundliche Hilfe und moralische Unterstützung, die Kindern mit andern Blechblasinstrumenten bei den wöchentlichen Übungen fast selbstverständlich zukommt, fällt hier weg.

Waldhörner sind sehr teuer. Obwohl es möglich ist, in kleinen Gruppen zu beginnen, sind schon bald individuelle Lektionen erforderlich, um wirkliche Fortschritte zu machen.

Körperliche Eignung

Für das Mundstück sollten die Lippen dünn bis mittel, aber nicht zu voll sein. Die kleine Öffnung, durch die die Luft geblasen wird, gibt einen Rückdruck, der Kopfweh und Schwindel verursachen kann, sogar bei Erwachsenen. Zwölf bis dreizehn ist das normale Alter, um zu beginnen.

Das Waldhorn ist das einzige Blechinstrument, das ein Finger-Koordinationsvermögen der linken Hand erfordert. Die rechte

Hand wird vorn in den Schalltrichter gehalten, um das Gewich[t] mitzutragen und den Ton zu modifizieren.

Geistige Eignung

Das Waldhorn läßt keine Entspannung zu. Jeder Ton muß ihm abgewonnen werden. Es gibt kein Nachlassen.

Jedes Kind mit guter Musikalität und der nötigen Lippenbe[herrschung] kann erfolgreich sein. Der Erfolg hängt von Wil[len]lenskraft, Selbstdisziplin und auch der Intelligenz ab. Intel[li]genz ist eine Voraussetzung, weil das Horn ein transponieren[des] des Instrument ist und wirklich arithmetisches Denken ver[langt].

Persönliche Eignung

Waldhorn-Kinder sind nicht gesellig. Die glückliche Klubatmo[sphäre] sphäre eines Musikvereins sagt ihnen nicht zu. Sie ziehe[n] kleine Gruppen vor und haben normalerweise ein oder zwe[i] enge Freunde. Die Hornspieler eines Orchesters oder eine[r] Konzertband bilden eine Gruppe und mischen sich kaum m[it] den andern Blechbläsern.

Nur gewissenhaften, konzentrierten Kindern, die durch ei[n] inneres Bedürfnis zur intensiven Arbeit getrieben werden un[d] die sich auch über eine lange Periode engagieren können, is[t] der Erfolg auf diesem Instrument beschieden.

Leichtlebigere Kinder mögen – wenn sie ein gutes Ohr haben [–] ganz gut beginnen, bereits imstande sein, ein paar Melodie[n] mit dem Schulmusikverein zu spielen, doch dann beim schwie[rigen] rigen Spiel der hohen und tiefen Töne scheitern.

Der Platz, den das Waldhorn unter den Blasinstrumenten ein[nimmt], nimmt, scheint Kindern zu gefallen, die zu Recht oder Unrech[t] glauben, daheim oder in der Schule nicht genug Aufmerksam[keit] keit zu erhalten. Mit diesem Instrument fühlen sie sich m[it]

völliger Berechtigung als exklusiv, weil es nur von einem ganz
ungewöhnlichen Kind gespielt wird.

Es mögen Kinder sein, die glauben, zuwenig erreicht zu haben.
Sie lieben die – verglichen mit den andern einfacheren und
robusteren Blechinstrumenten – edle Form des Horns. Mit
Stolz tragen sie ihr kompliziertes und teures Instrument. Dies
ist wahrscheinlich das einzige Blechblasinstrument, auf dem
während endlosen Stunden im Zimmer geübt wird. Ein Kind,
das gerne allein ist und spielt, erfährt schließlich eine Belohnung durch ein umfassendes Repertoire, das sowohl allein
geübt wie gespielt werden kann. Besonders wichtig ist dies für
Kinder, die aus geografischen, sozialen oder andern Gründen
nicht in Gruppen oder Orchestern mitspielen können.

Kindern, die sich gerne durch klassische Musik entspannen,
bietet dieses Instrument ein größeres Potential als die andern
Blechblasinstrumente.

Eignungs-Wertung	✓ oder ✗
Körper	
Geist	
Persönlichkeit	

Alle Instrumente, mit denen wir uns bisher beschäftigt haben, weisen eine wichtige gemeinsame Charakteristik auf: Holz- und Blechblasinstrumente sind für Kinder, die körperliche Energie mit Blasen abreagieren.

Violine, Viola und Cello sind für Kinder, deren *geistige Energie* mit Schulaufgaben, Hobbys usw. nicht genügend ausgelastet ist.

Die «Maschinerie» der Holz- und Blechblasinstrumente – mit Ausnahme der Posaune – ist kompliziert, was das Spielen vereinfacht. Die Konstruktion der Streichinstrumente ist sehr einfach, das Spielen hingegen sehr schwierig. Daher der Bedarf an geistiger Energie.

Bei den Streichinstrumenten sind nie leichte Befriedigung oder rasche Resultate zu erwarten. Für frühere Generationen spielte dies noch keine wichtige Rolle. Die Kinder wurden damals dazu angehalten, diszipliniert über zwei bis drei Jahre an etwas zu arbeiten, auch ohne ersichtliche Ergebnisse. Solche Kinder konnten geruhsam ein Streichinstrument spielen lernen. Das Leben moderner Kinder hingegen ist hektischer. Die meisten *brauchen* die schnellen Resultate von Holz- und Blechblasinstrumenten.

Wenn Ihr Kind nicht außergewöhnlich gewissenhaft und geduldig ist, ist es unwahrscheinlich, daß es ein Streichinstrument bis zur Erreichung eines wirklichen Gewinns spielt; und dies dauert nicht Monate, sondern mehrere *Jahre.*

Das Kind, das für ein Streichinstrument in Frage kommt, braucht überschüssige geistige Energie, sollte musikalischer sein als die meisten Kameraden, ein gutes Musikgehör besitzen, von klassischer Musik angezogen werden und dazu sehr pflichtbewußt sein. Für ein solches Kind wird das Spielen eines Streichinstrumentes eine große Befriedigung und eine lebenslange geistige Bereicherung und Erbauung werden.

Die Violine (Geige)

Die Violine ist ein hohles Kästchen aus dünnem, mitschwingendem Holz, das Resonanz auslöst, indem es die Vibration einer oder mehrerer der vier straff gespannten Saiten verstärkt. Der Spieler bringt die Saiten zum Vibrieren, indem er den mit klebrigem Roßhaar bespannten Bogen darüberstreicht.

Wenn Sie dies eine mühselige Art des Musikmachens finden, dann können Sie vielleicht verstehen, warum das Erlernen des Geigenspiels außerordentlich schwierig ist und Jahre der hingebungsvollen Zuwendung braucht.

Erforderlich ist ferner ein sehr gutes Musikgehör. Der Spieler erzeugt und formt jeden Ton, indem er mit der linken Hand die Saiten niederdrückt, während die rechte Hand den Bogen führt oder die Saiten anzupft. Bei der Violine helfen keine Ventile, Klappen oder andere mechanische Vorrichtungen. Ein gutes Ohr ist nicht nur zum Spielen erforderlich, sondern schon vor jeder Übung zum Stimmen der Saiten.

Manche Lehrer bestehen darauf, daß die Eltern jüngerer Kinder den Lektionen beiwohnen und sich Notizen machen, um die täglichen Übungen zu überwachen. Diese elterliche Beteiligung ist bei kleinen Kindern sicher wünschenswert, wenn nicht sogar notwendig für den Erfolg.

Die Geige ist das kleinste und das am höchsten klingende Streichinstrument und spricht daher kleine Kinder von der klanglichen Seite her am meisten an. Sie ist auch als Lerninstrument am besten erhältlich.

Geigen werden in dreiviertel, halben, viertel und sogar achtel Größen hergestellt, so daß es überhaupt kein Problem ist, die richtige Größe für ein Kind zu finden, sogar schon vom dritten Altersjahr an aufwärts. (Eine kleine Violine erfordert den passenden Bogen.)

Doch das bequeme Halten einer kleinen Violine ist für den Unterrichtsbeginn nicht ausschlaggebend. Vielmehr sollte festgestellt werden, ob das Kind nicht in der Schule schon genügend mit neuen Aufgaben belastet ist. Wenn hierüber Zweifel bestehen, warten Sie besser. Es gibt keinen Grund, ein Kind allzu früh zu einem Instrument zu treiben.

Körperliche Eignung

Die Violine eignet sich für sehnige Kinder oder Tänzer. Geübt wird stehend. Dies bedingt eine gute Balance des ganzen Körpers. Normalerweise wird zwischen sieben bis zehn Jahren auf einer kleinen Violine angefangen.

Der delikate, präzise Einsatz der linken Hand macht die Violine für ein ausgesprochen rechtshändiges Kind nicht empfehlenswert. Linkshänder hingegen kommen damit gut zurecht.

Von Nichtspielern wird allgemein zu Unrecht angenommen, daß das Gewicht der Violine mit der linken Hand gehalten werde. Tatsächlich muß die linke Hand frei sein, um die Saiten auf präzise und einfühlende Weise niederzudrücken. Das Instrument wird zwischen Kinn und Schlüsselbein eingeklemmt. Dies läßt die Vibration durch die Leitung der Knochen direkt zum Hirn dringen. Manche Kinder empfinden dies als unangenehm oder gar schmerzhaft. Für Kinder mit Hörproblemen kann es sogar gefährlich sein.

Einem Kind, das sich mit der Violine wohlfühlt, wird diese Vibration als angenehm und tröstlich erscheinen. Oft sind es Kinder, die jahrelang ein bevorzugtes Spielzeug oder ein weiches Kuscheltüchlein mit sich trugen.

Die andere Form der Rückkoppelung beim Geigenspiel ist «das Gefühl, sich mit der Musik zu bewegen». Das gut auf die Violine eingestimmte Kind empfindet die Musik mit dem ganzen Körper. Dies befriedigt vor allem Mädchen, die sich für das Ballett begeistern.

Geistige Eignung

Die meisten Kinder, die mit dem Geigenspiel vorankommen, besitzen Intelligenz, Sensibilität, ein gutes Musikgehör und einen *hohen Grad an Gewissenhaftigkeit.* Doch mögen sich Eltern manchmal wundern, warum ein offensichtlich intelligentes, rasch auffassendes Kind, das sich gut ausdrücken kann und auch im sozialen Bereich begabt ist, keine Fortschritte macht auf der Violine und schließlich aufgibt, während weniger intelligent scheinende Kinder mit Erfolg vorankommen. Die Antwort lautet oft: Weil dem intelligenten Kind alles so leicht zufällt, ist es nicht gewohnt, seine Willenskraft einzusetzen. Auf der Violine jedoch sind dauernde Fortschritte nur mit gewissenhafter Arbeit zu erreichen.

Persönliche Eignung

Das Erlernen der Streichinstrumente ist nicht für Kinder, die ein Ventil für Ausgelassenheit und Überschwenglichkeit suchen. Es eignet sich für die Sorte Kinder, die zwar keine Einzelgänger, doch auch nicht gesellig sind, die gerne in ihrem Zimmer lesen oder mit ein bis zwei guten Freunden spielen. Sogar die «Streicher» in Orchestern begnügen sich meistens mit ein bis zwei Freunden und pflegen keinen Umgang mit den andern Mitgliedern der Streichergruppe. Das Paradoxe dabei ist, daß ihre Hauptfunktion darin besteht, zum gemeinsamen Klang beizutragen. Der Streicher ist nur sehr selten in einem Solopart zu hören.

Oft wird das Einzelkind von der Violine angezogen und reüssiert gut damit. Dies ist zum Teil darauf zurückzuführen, daß die Eltern mehr Zeit mit dem Einzelkind verbringen und auch vermehrt in die persönliche Entwicklung miteinbezogen sein wollen. Die Kinder ihrerseits sind viel mit Erwachsenen zusammen, verstehen sich gut mit ihnen, was sie dazu befähigt – und ihnen zum Vorteil gereicht –, mit dem Lehrer eine enge Verbindung zu schaffen, eine *Conditio sine qua non* für das Erlernen des Instrumentes.

Eignungs-Wertung	✓ oder ✗
Körper	
Geist	
Persönlichkeit	

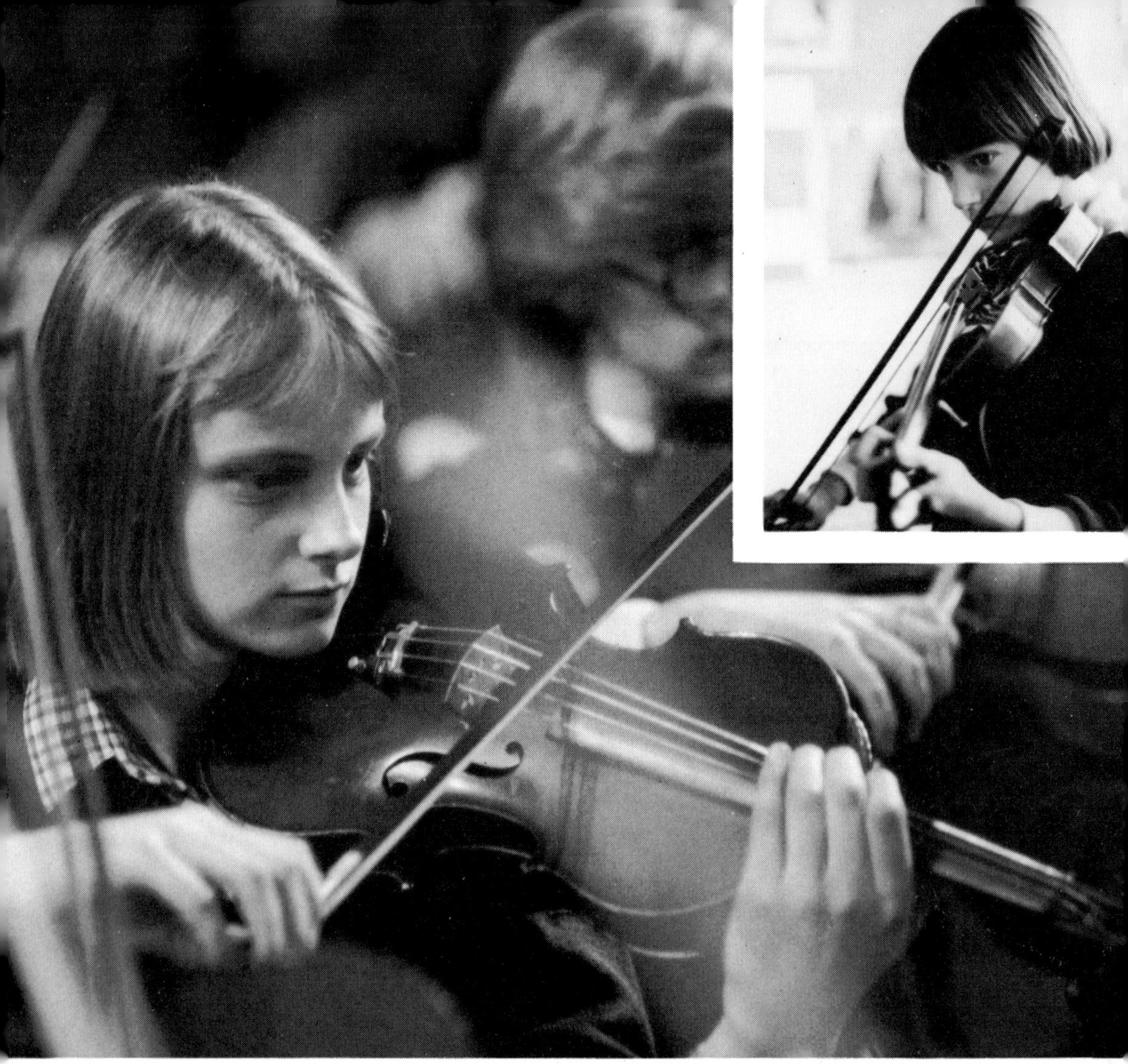
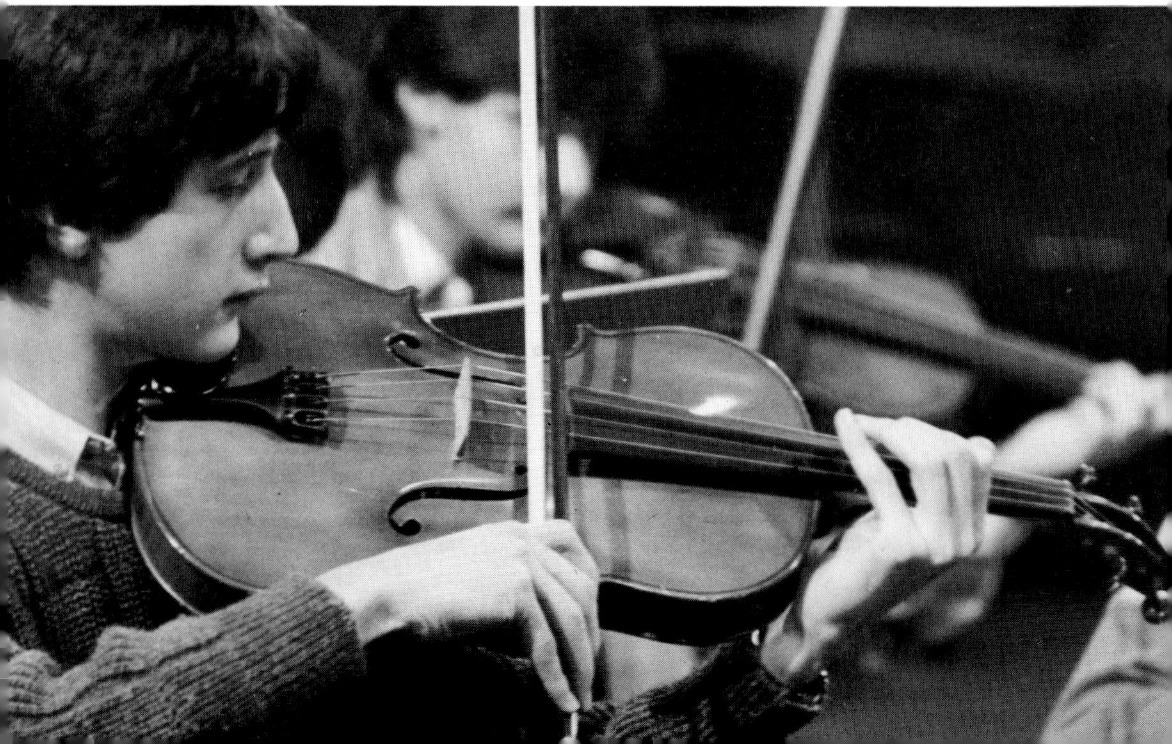

Viola (Bratsche)

Die Viola ist eine größere Version der Violine mit tieferem Klang. Sie ist auf die gleiche Weise zu streichen.
Verglichen mit einem Chor, sind die Violinen die Sopranstimmen, die die meisten Melodien singen, Celli und Kontrabaß bilden die solide Grundlage und die Violas die Mittelstimmen.
Die Viola ist selten das erste Instrument eines Kindes. Die meisten Violaspieler haben im Alter von dreizehn bis vierzehn von der Violine oder einem andern Instrument hinübergewechselt. Manche ziehen den tieferen Klang der Viola vor. Andere, die zwar annehmbare, doch keine aufregenden Fortschritte auf der Violine machen, entscheiden sich für die leichter zu spielende Musik der Viola (das Üben nimmt weniger Zeit in Anspruch, und die Freude, im Orchester mitzuspielen, dauert fort). Knaben wechseln manchmal zur Viola, weil deren Klang ihren Stimmen nach dem Stimmbruch näher kommt.

Körperliche Eignung
Obwohl die Viola nur wenig größer ist als die größte Violine, kann dieser kleine Unterschied sie unbequem machen, sogar für Erwachsene, deren linker Arm nicht lang genug ist. Die Finger der linken Hand haben eine viel weitere und schwierigere Spannweite als bei der Geige.

Geistige Eignung
Gleich wie bei der Violine, doch das Mitspielen im Orchester ist weniger anspruchsvoll.

Persönliche Eignung
Zugängliche, liebenswürdige Kinder, die gerne in einer Gruppe mitspielen, klassische Musik suchen und lieben, finden dieses Instrument und seine Musik sehr beruhigend.

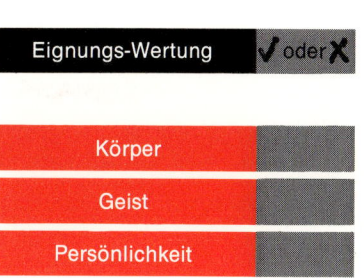

Eignungs-Wertung ✓ oder ✗

Körper

Geist

Persönlichkeit

Das Cello

Nur wenige Eltern denken an das Cello als Möglichkeit für ihr Kind, doch wenn es ein Streichinstrument gibt, das bereits dem Anfänger Spaß macht, ist es das Cello. Den meisten Schulorchestern fehlt es an genügend Cellisten, so daß schon Kinder mit einigermaßen annehmbarem Standard erwünscht sind.
Das Cello kann aus drei ganz verschiedenen Gründen in Erwägung gezogen werden:

- Es gibt eine überraschend große Anzahl von Kindern, die das nötige Musikgehör besitzen, um genügend gut spielen zu lernen, daß sie mit den höheren Streichinstrumenten zusammen spielen können. Bei diesem Zusammenspiel ist der Cellopart einfacher zu lesen, und auch die Spielposition ist leichter als bei der Violine und Viola. Dazu kommt, daß der am Anfang erzeugte Ton nicht so entmutigend klingt wie bei der Geige.
- Das Cello, auf einem hohen technischen Niveau gespielt – in einem Streichquartett oder als Konzertsolist – erfordert genau wie die Geige neben Intelligenz einen großen Einsatz an harter, ausdauernder Arbeit. Die Belohnung dafür ist auch die gleiche Befriedigung, wie sie die Geige dem Spieler bietet.
- Der dritte Grund kann ein «zweites Studium» sein. Kinder, die Klavier, Orgel oder klassische Gitarre spielen – alles «einsame» Instrumente –, können mit dem Cello in Orchestern mitmachen und dadurch sowohl sozial wie musikalisch viel gewinnen. In solchen Fällen ergibt das Cello ein ausgezeichnetes zweites Instrument, indem es sowohl die Freude, ein Streichinstrument zu spielen, vermittelt, wie auch die Erfahrung, einem Orchester anzugehören, und dies ohne allzu großen zusätzlichen Übungsaufwand.
Die Kosten für ein Cello sind drei- bis viermal höher als bei einer qualitativ entsprechenden Geige. Ein fester Kasten dafür ist eine gute Investition, da die Celli leicht beschädigt werden.

Körperliche Eignung
Die Spielposition ist natürlich und muß nicht – wie bei der Violine und der Viola – erlernt werden. Das Gewicht des Cellos wird von der auf dem Boden ruhenden Spitze getragen. Das Spielen des Instrumentes ist eine Aktivität, die als angenehm empfunden wird.
Für Kinder von sieben Jahren an aufwärts gibt es viertel-,

95

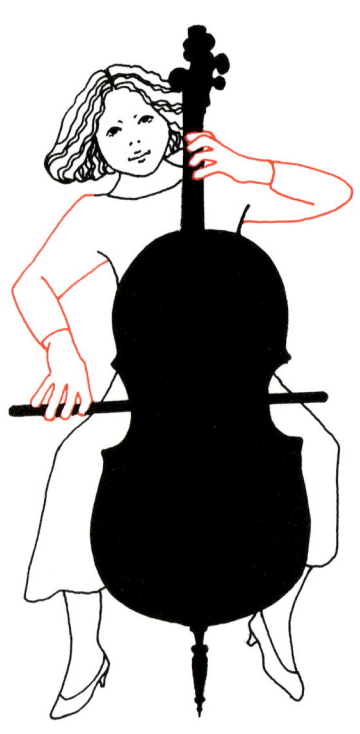

halb- und dreiviertel-große Instrumente, doch ist das Cello trotzdem nicht für Kinder mit kleiner oder unterdurchschnittlicher Körpergröße zu empfehlen. Für die Spannweite der linken Hand braucht es große Hände. Das Instrument ist auch recht groß und schwer zum Tragen. Nur wenige Kinder unter dreizehn Jahren sind imstande, mit einem Cello normaler Größe umzugehen.

Geistige Eignung
Auf welchem Niveau das Cello auch immer gespielt wird, eine ruhige, reflektive Intelligenz ist notwendig dafür.

Um mehr zu erreichen, als in Jugendorchestern mitzuspielen, braucht es – wie bei der Violine – gewissenhafte, ausdauernde und harte Arbeit. Die Belohnung für dieses jahrelange Studium ist das Privileg, das ganze Leben hindurch ein unerschöpfliches Repertoire von Orchester-, Kammer- und Solomusik spielen zu können.

Persönliche Eignung

Nur wenige kleine Kinder fühlen sich zum tieftönenden Cello hingezogen. Kinder mit leicht dunkel gefärbter Stimme, überdurchschnittlich breitem Brustkorb, großen Händen und langen Armen finden eine schwer zu beschreibende Befriedigung beim Cellospiel. Sie fühlen sich einfach wohl dabei.

Oft sind es scheue Kinder. Die versteckte Belohnung für ihr Spiel ist die Freude, ruhig und ohne Stress in der Gruppe mitzumachen: selten im Rampenlicht, doch immer geschätzt.

Eignungs-Wertung	✓ oder ✗
Körper	
Geist	
Persönlichkeit	

Der Kontrabaß

Der Kontrabaß ist das größte und am tiefsten klingende Instrument des Orchesters und gibt der Streichmusik die rhythmische Grundlage. Sogar ein auf Kindergröße abgestimmter Kontrabaß ist ein großes Instrument und überragt das spielende Kind. Das Instrument hat seine eigene Attraktion auf *großgewachsene* Kinder, die schon eine musikalische Basis besitzen und denen es leicht fällt, den Baßschlüssel zu lesen.

Körperliche Eignung

Überdurchschnittlich große Jugendliche, die mit einem kleinen Instrument linkisch und verlegen wirken, erleben ihre körperliche Größe beim Kontrabaß als positive Eigenschaft. Es ist wichtig, nicht nur groß zu sein, sondern auch große Hände mit langen Fingern zu haben und damit eine große Spannweite der linken Hand. Es braucht Kraft, um den kurzen, dicken Bogen über die Saiten zu streichen und auch, um das Instrument herumzutragen.

Geistige Eignung

Die Ansprüche sind nicht groß. Die Noten für den Kontrabaß sind leicht zu lesen und zu spielen.

Persönliche Eignung

Der Kontrabaß ist nicht das Instrument für ein dominierendes Kind. Doch einem Kind, das gerne einfache Musik gut spielt und damit seinen Teil zum Gleichgewicht der Streichergruppe im Orchester beiträgt, bieten sich immer genügend Spielmöglichkeiten.

Kinder, die in einer Jazzband mitspielen oder einfach mit Kameraden frei spielen, machen die Erfahrung, daß das Kontrabaßspiel auf seltsame Weise erfüllend und kreativ befriedigend wirkt und dies in viel höherem Maße, als der zufällige Zuhörer sich vorstellen kann.

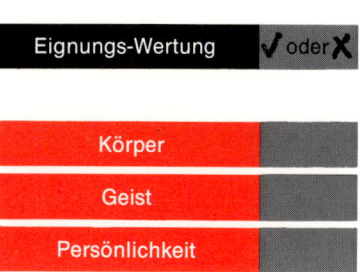

Fast alle Kinder haben sich irgendeinmal mit der Instrumentengruppe, die geschlagen oder geschüttelt werden muß,
beschäftigt: Trommeln, Zimbeln, Triangeln, Tamburinen,
Holztrommeln – oder Kinderrasseln.

Die meisten Kinder lieben es, ihrer angeborenen Musikalität
auf Schlaginstrumenten Ausdruck zu geben. Während eines
von uns arrangierten Musiktreffens folgten eine große Anzahl
Kinder unserer Einladung, mit ihren Schlaginstrumenten zu
kommen und im Konzertverein mitzuspielen. Dabei stellten
viele Erwachsene mit Erstaunen fest, wie seriös und einfühl-
sam die Kinder ihren Part beitrugen, indem sie im richtigen
Zeitpunkt einsetzten und stoppten, laut oder sanft spielten,
sowohl bei einfachem wie kompliziertem Rhythmus.

Die Schulbands erreichen oft einen hohen Standard und bilden
für viele Kinder die Höhepunkte im Musikleben der Schule.
Das Mitmachen in diesen Bands ist für ein Kind sowohl in
musikalischer wie in sozialer Hinsicht vorteilhaft, doch sind
Eltern oft befremdet darüber, wie wenig Gelegenheit geboten
wird, sich auf einem Schlaginstrument richtig auszubilden.

Das rührt daher, daß diese Instrumente – oder eine billige
Version davon – in der Primarschule oder als Kinderspielzeug
allgemein gebräuchlich sind und deshalb bei vielen Leuten
nicht als echte Instrumente gelten. Doch ein guter Instruktionskurs durch einen qualifizierten Schlagzeuglehrer kann für
das geeignete Kind genauso lohnend und bereichernd sein wie
für ein anderes Kind das Spielen des Kornetts oder der Querflöte.

Es gibt zwei Arten von Schlaginstrumenten:
Ungestimmte, wie Trommeln und andere, auf denen keine
Melodien gespielt werden können, sondern nur Rhythmen,
und *gestimmte,* wie Xylophon, Glockenstab, Glockenspiel. Auf
ihnen können Melodien gespielt werden.

Trommeln und andere ungestimmte Schlaginstrumente

Was machen Sie, wenn Ihr Kind Sie – im Alter zwischen sechs bis sechzehn – wochenlang mit dem Wunsch quält: «Ich möchte Trommel spielen»? Musikgruppen im Fernsehen und Radio und was immer das Kind außerdem noch an Musik aufnimmt, scheinen sein Interesse am Trommeln noch ständig zu verstärken.

Ein sechsjähriges Kind mag damit lediglich seinem Wunsch, irgend etwas zu spielen, Ausdruck geben. Es wählt die Trommel vielleicht als Phantasieinstrument, weil sie ohne Melodie und daher für das Ohr am einfachsten zu erfassen ist.

Mit acht Jahren wird das gleiche Kind vielleicht zum Lernen bereit sein und das Ohr haben, melodische Musik zu identifizieren und zu schätzen. Will es dann immer noch die Trommel spielen, ist sein Wunsch ernst zu nehmen. Wahrscheinlich handelt es sich um ein hyperaktives Kind, das womöglich um Mitternacht noch hellwach ist oder frühmorgens vor allen andern aufsteht. Eltern mit einem solchen Kind tun gut daran, einige Zeit diesem Teil des Buches zu widmen, denn das ernsthafte Erlernen eines Schlagzeugs war schon für manches hyperaktive Kind die Rettung.

Ein Schlaginstrument richtig zu erlernen, heißt nicht, sein Zimmer mit kleinen und großen Trommeln anzufüllen und Tag und Nacht jedermanns Frieden zu stören. Ein Instruktionskurs fängt nur mit der Rührtrommel an. Ein Nichttrommler versteht selten, daß ein Kind über Jahre hin glücklich auf der Rührtrommel lernen kann, bevor es zu weitern Instrumenten übergeht. Tatsächlich kann ein Orchesterschlagzeuger seinen Trommelwirbel über zwanzig Jahre hinweg perfektionieren und immer noch das Gefühl haben, er sei noch nicht ganz perfekt.

Die Rührtrommel verlangt regelmäßige Lektionen durch einen Lehrer, und dies ganz gleich, ob der Ehrgeiz den Schüler dazu bringt, beispielsweise im Tonhalleorchester mitzuspielen oder mit langhaarigen Kollegen an einem Rocktreffen. Um zu Hause zu üben, kann die Trommel mit einem dämpfenden Überzug bedeckt werden. Manche junge Trommler werden in die Garage oder das Gartenhäuschen verbannt, doch scheint dies für sie viel weniger schlimm zu sein, als im Üben behindert zu werden.

Nachdem auf der Rührtrommel eine Basistechnik erreicht ist, eröffnen sich dem Trommler zwei Wege. Wenn er sich – mit dreizehn oder vierzehn – für die Rockszene zu interessieren

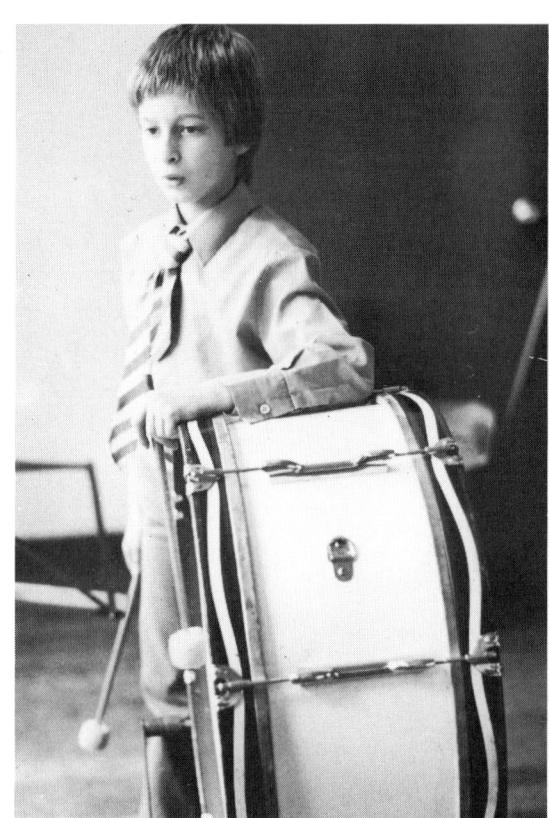

beginnt, gibt ihm seine Trommeltechnik einen erstklassigen Start für das Schlagzeug.

Fühlt sich ein Kind hingegen zur klassischen Musik hingezogen und wünscht in einem Orchester mitzuspielen, kann es sich durch entsprechende Lektionen in andern ungestimmten Schlaginstrumenten weiterbilden. Jedes dieser Instrumente hat seine eigene Technik und verlangt eine leicht andere Fertigkeit.

In einem einzigen Musikstück kann es vorkommen, daß der Orchesterschlagzeuger ständig von der Rührtrommel über Zimbel, Holzblocktrommel, Gong, Rumbakugeln (Maracas) zur Baßtrommel wechselt. Für diese Art der Musik gilt eine natürliche Tendenz zur nervösen Unruhe, die von einer Sache zur andern drängt, was hier nicht als lästiger Nachteil, sondern als ideale Eigenschaft gilt. (Im ganzen Orchester sind es nur die Schlagzeuger, die sich ständig bewegen und die Instrumente wechseln.)

Körperliche Eignung

Das Kind, das wirklich trommeln will, spricht nicht nur darüber. Es trommelt – mit oder ohne Musik – und benutzt dazu

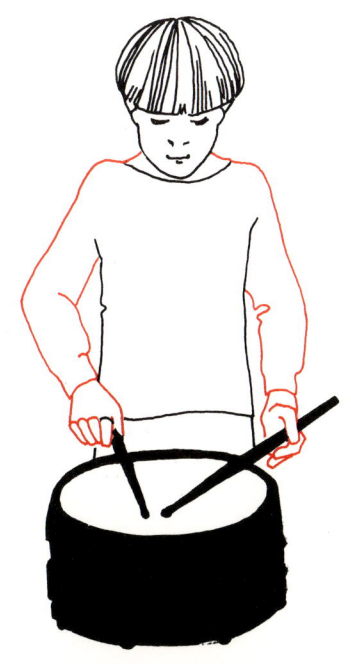

Finger, Hände, Stäbe, Messer und Gabel auf Tischchen, Stühlen und jeder andern verfügbaren Fläche. Es ist ein richtiger «Zappelphilipp», der seine nervösen Spannungen mit ständigen kleinen Bewegungen abreagiert.

Trommler sind dünn und drahtig, essen oft große Mengen, bleiben aber schlank dabei. Sie haben mehr Ausdauer als größere und kräftiger scheinende Kinder.

Geistige Eignung

Heitere, schlagfertige Kinder, die beschwingt etwas beginnen und bald von einer andern Aktivität fasziniert werden, finden im Schlagzeug eine gute Therapie und ein Ventil für ihre geistige Energie. Lehrer und Eltern sind oft erstaunt, wie ein flatterhaftes Kind, das niemals Ausdauer zeigte, von der Schlagzeugtechnik so gefesselt werden kann, daß es über Jahre hinweg jede Woche gewissenhaft und stundenlang übt. Was dem untrainierten Zuhörer als monoton erscheinen mag, hört sich für das fein unterscheidende Ohr des Trommlers als eine subtile Serie von Variationen an.

Persönliche Eignung

Gespannt, nervös, oft reizbar, hyperaktiv, ruhelos: einige dieser Charakteristiken sind typisch für potentielle Trommler, die häufig von ihren Familien unabhängiger sind als andere Kinder gleichen Alters.

Eignungs-Wertung ✓ oder ✗

Körper	
Geist	
Persönlichkeit	

105

Schlagzeug

Wenige Kinder unter dreizehn Jahren besitzen das außerordentliche Koordinationsvermögen, das erforderlich ist, um mit dem Schlagzeug zu beginnen. Der Schlagzeuger braucht oft die rechte und die linke Hand zu völlig verschiedenen Aktivitäten, und gleichzeitig hat noch jeder Fuß seine eigene Aufgabe zu erfüllen.

Die beste Vorbereitung für ein Kind, das wirklich das Schlagzeug erlernen will, besteht darin, sich ein bis zwei Jahre lang mit der Rührtrommel zu beschäftigen. Hat es in dieser Technik eine gewisse Fertigkeit erreicht, ist seine Erfolgschance mit dem Schlagzeug bedeutend größer, als wenn es gleichzeitig alle Instrumente des Schlagzeugs zu erlernen beginnt. Viele jugendliche Schlagzeuger bringen sehr wenig seriöse Technik mit – wenn überhaupt welche. So hat ein Kind, das in der Rührtrommel- und Schlaginstrumententechnik fortgeschritten ist, große Vorteile. Es ist willkommen, nicht nur in Rockgruppen, sondern ebenso in Jazzgruppen, Tanzbands, Bigbands, Blechmusikvereinen – heutzutage sogar in Jugendorchestern, sofern das Repertoire moderne Stücke einschließt.

Ein Schlagzeuger, der Noten lesen kann und Basistraining besitzt, findet Gelegenheiten, jede Art Musik zu spielen, die ihm Freude macht.

Eignungs-Wertung	✓ oder ✗

Allgemein	

Die gestimmten Schlaginstrumente und Pauken

Die gestimmten Schlaginstrumente schließen Xylophon, Glok-kenstab, Glockenspiel, Vibraphon und Marimbaphon ein. Alle diese Instrumente sind auf dem gleichen Schema aufgebaut wie die Klaviertastatur.

Nahezu alle Kinder, die sich diesen Instrumenten ernsthaft zuwenden, weisen vorhergehende Praxis auf andern Instrumenten auf. Entweder sind es Klavierspieler, die sich langweilen und in einem Orchester oder einem Verein mitspielen möchten, oder Kinder, die auf unmelodischen Schlaginstrumenten spielen und nun in Jugendorchestern auf gestimmten Schlaginstrumenten weitermachen möchten. Eine seriöse Ausbildung auf diesen Instrumenten wird fast nie nur beim Mitspielen in Jugendorchestern oder Vereinen erworben. Für melodische Schlaginstrumente braucht es einen Grad von Geschicklichkeit und Koordinationsvermögen, die bei dreizehnjährigen Kindern sehr selten zu finden sind.

Die Pauken sind stimmbare Trommeln. Um sie während des Spiels zu stimmen, bedarf es großer Kunstfertigkeit. Dirigenten von Schul- oder Jugendorchestern empfehlen Trommlern mit hervorragendem Musikgehör den Wechsel zu den Pauken. Pauken sind keine Erstinstrumente. Praktisch keine Kinder lernen ohne vorhergehendes musikalisches Training erfolgreich darauf zu spielen.

Wichtiger als bestimmte körperliche, geistige oder persönliche Charakteristiken sind:

– Ein starker Wunsch, in Vereinen oder Orchestern mitzuspielen.
– Ein gründliches Basistraining in Klavier, gestimmten Schlag- oder irgendeinem andern Orchesterinstrument.
– Überdurchschnittliche Geschicklichkeit.

Eignungs-Wertung ✓ oder ✗

Allgemein

109

Alle Instrumente, mit denen wir uns bis jetzt beschäftigt haben, gehören zu Orchestern oder Vereinen, und zwar in die eine oder andere der vier Hauptgruppen: Holzblasinstrumente, Blechblasinstrumente, Streichinstrumente oder Schlaginstrumente. Sie sind für Gruppenmusik geschaffen und bieten dem zurückgezogenen Kind wenig. Nur die Querflöte, die Geige, das Waldhorn und vielleicht das Cello sind für das Kind, das gerne allein ist und auch allein spielt, auf die Dauer befriedigend.

Das Klavier, die klassische Gitarre und die Harfe gehören zu den eigenständigen Instrumenten, auf denen sowohl einzelne Töne wie Akkorde gespielt werden. So kann damit die Melodie wie auch der harmonische Zusammenklang gespielt werden. (Bis zu einem gewissen Grad trifft dies auch auf die gestimmten Schlaginstrumente zu.)

Das Erlernen dieser Instrumente ist schwierig. Sie verlangen von einem Kind sehr viel mehr als Holz- oder Blechblasinstrumente, aber bieten anderseits auch einen klar erkennbaren Gegenwert. Schon von einer sehr frühen Stufe an kann ein komplettes (wenn auch einfaches) Musikstück gespielt werden, ohne daß für die Harmonie oder die musikalische Vollständigkeit weitere Spieler nötig sind.

Die häufigste von Eltern gestellte Frage ist: «Wann ist das richtige Alter, um mit Klavier, Gitarre oder Harfe zu beginnen?»

Das richtige Alter für den Beginn liegt zwischen acht bis zehn Jahren. Dies ist gerade die Zeit, da sich ein Kind mit Talent für diese Instrumente unter Umständen in der Schule zu langweilen beginnt. Wegen ihrer überdurchschnittlichen Intelligenz sind diese Kinder unter den ersten, die lesen, schreiben und rechnen können. Für sie sind die ersten Schuljahre spannend. Im dritten Schuljahr jedoch wird von ihnen erwartet, auf der Stelle zu treten (außer in exzeptionellen Schulen), damit die schwächeren Schüler aufholen können.

Was passiert dann? Die Kinder langweilen sich und werden faul. Sie verlieren die Konzentrationsfähigkeit und ihr Leistungsniveau nimmt ständig ab, was Eltern und Lehrer oft gleich rätselhaft erscheint. Das Heilmittel für solche Kinder ist etwas, das ihren Geist, ihre Intelligenz und ihre Phantasie anregt. Das Erlernen eines eigenständigen Instrumentes ist dafür hervorragend geeignet.

Das Klavier

Für viele Musikliebhaber ist ein Mozart Klavierkonzert der Inbegriff musikalischer Schönheit. Für viele Kinder dagegen bedeutet das Klavier ein mittelalterliches Marterwerkzeug. Das Klavier hat mehr Kinder musikalisch frustriert als alle andern Instrumente zusammengenommen.

Überrascht Sie diese Behauptung, dann stellen Sie Ihren erwachsenen Freunden, die einst Klavierstunden genommen haben, ein paar Fragen: «a) Wieviel Freude hat Ihnen das Klavierspiel gemacht? b) Spielen Sie immer noch? c) Lernten Sie jemals Noten fließend lesen? d) Können Sie immer noch Noten lesen, und vor allem – die wichtigste Frage –, hat das Klavierspiel Ihr Leben bereichert?»

Sehr viele Menschen suchten bei uns Rat wegen des Klaviers, und es erstaunte uns immer wieder, was für eine große Anzahl potentiell musikalischer und oft höchst intelligenter Kinder und Erwachsener von ihren frühen Erfahrungen mit dem Klavier unter einem Trauma litten, das so weit ging, daß sie unfähig waren, eine Note zu lesen. Nachdem wir Hunderte von Fällen analysiert hatten, fanden wir heraus, daß die meisten zwischen fünf bis sieben Jahren mit Klavierlektionen begonnen hatten. Dies ist eine der größten Streßperioden des Lebens. Das Kind ist vollauf mit der Schule beschäftigt, mit der Disziplin, mit den andern Kindern; es hat abstrakte Begriffe zu erfassen, muß lesen, schreiben, rechnen lernen, und so weiter. Das Letzte, was es während dieser kritischen Periode braucht, ist eine zusätzliche geistige Belastung.

Die allermeisten Kinder, die während dieser Streßperiode zum Klavier gedrängt werden, bauen eine geistige Blockierung auf gegen das Notensystem, gegen das Lernen eines Instrumentes, gegen das eigene Musikpotential, und dies – bei den meisten – für den Rest des Lebens.

Die Frage bleibt: Was für ein Kind lernt erfolgreich Klavier spielen?

Körperliche Eignung

Weil das Klavier eine Maschine ist, die den Ton ohne körperliche Anstrengung produziert, kann es sowohl von zarten wie kräftigen Kindern gleich gut gespielt werden. Es braucht keine körperliche Kraft, im Gegenteil: Das Kind muß nämlich nur bequem und entspannt für eine halbe Stunde oder länger auf dem Klavierstuhl sitzen. Körperlich kraftvolle Kinder machen das nicht gern. Zarten Kindern bereitet das Stillsitzen weniger Mühe. Sie freuen sich über den vollen Klang, den sie auf dem Klavier erzeugen können.

Für Kinder mit verminderter Sehkraft (Brillenträger) ist das Noten-Lesen im doppelten Schlüssel anstrengend. (Kein anderes Instrument hat in zwei Schlüsseln geschriebene Noten.) Gleichzeitig soll auch noch die Position der Hände und Finger visuell überwacht werden. (Bei keinem andern häufig erlernten Instrument wechselt die Hand- und Fingerposition von allem Anfang an.) Die notwendigen raschen Augenbewegungen und das Wechseln des Blickfeldes verlangen eine sehr gute Sehschärfe. Daran wird selten gedacht. Statistisch ist jedoch erwiesen, daß Kinder mit vermindertem Sehvermögen weniger erfolgreich im Klavierspiel sind als solche mit dem gleichen Musikpotential, jedoch besserer Sehschärfe.

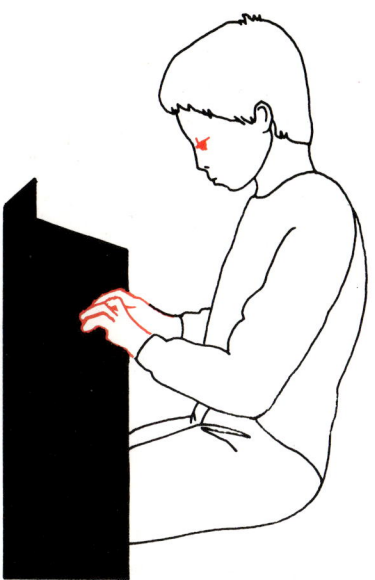

Fortgeschrittenes Klavierspiel verlangt ein präzises und kompliziertes Koordinationsvermögen aller zehn Finger. Doch sind die Fortschritte auf dem Instrument so langsam, daß das Kind eine entsprechende Fingertechnik zur rechten Zeit entwickeln kann. Kinder, die mehrere Jahre Klavier gespielt haben, geben ausgezeichnete Mechaniker, Maschinisten oder Chirurgen. Sie zeichnen sich in allen Tätigkeiten aus, die eine besondere Geschicklichkeit der Hände und Finger erfordern.

Wenn manchmal zu hören ist, ein Kind müsse, um zu beginnen, auf dem Klavier eine Oktave spannen können, ist dies normalerweise eine indirekte Art, es als «zu jung» zu bezeichnen. Tatsächlich genügt es für den Anfang, fünf Tasten zu spannen. Weil das Klavier eine Maschine ist, die für den Spieler arbeitet, können die meisten Kinder mit durchschnittlicher Körperbildung von fünf Jahren an aufwärts die körperlichen Anforderungen erfüllen.

Geistige Eignung

Die geistigen Anforderungen sind problematischer. Wenige Kinder unter acht Jahren können ihnen genügen, und ebensowenig sind sie imstande, die Belohnung zu schätzen, die dieses Instrument beschert.

Ein Kind, das noch vollauf damit beschäftigt ist, lesen, schreiben und rechnen zu lernen oder den sozialen Druck der Schule erfährt, hat keine überschüssige geistige Energie, um mit Doppelschlüssel, Notenschrift und der ganzen Tastatur fertigzuwerden. Ein solches Kind macht nur wirkliche Fortschritte, wenn es dazu gedrängt wird oder die Eltern täglich mit ihm üben. Im Prinzip dauern diese Fortschritte so lange an, als die Eltern sich die Zeit dafür nehmen. Einzelkindern und den Jüngsten der Familie kann das Klavierspiel auf diese Weise beigebracht

werden, weil ein Elternteil die beim Kind noch nicht vorhandene Energie selbst beiträgt.

Das Lesen und Spielen der Klaviermusik setzt gute Fähigkeiten in Arithmetik voraus. Diesen Kindern bedeutet es ein Vergnügen, gleichzeitig zwei Notencodes zu lesen und zu entziffern und diese Information in präzise Fingertechnik umzusetzen, mit einer Geschwindigkeit von zehn bis zwanzig «Notenköpfen» pro Sekunde in verschiedener Rhythmik, unterschiedlicher Druckkraft, Fußkoordination, mit intelligentem Ausdrucksvermögen, und so weiter!

Zusammengefaßt sollte ein Kind für dieses komplizierte Instrument folgende geistigen Voraussetzungen aufweisen:

– an der Spitze der Klasse oder nahe daran stehen;
– acht Jahre oder älter sein. Neben den schulischen Anforderungen genügend geistige Energie übrig haben;
– gut sein in Arithmetik;
– von Natur aus gewissenhaft und sorgfältig sein;
– in der Schule nicht ausgelastet sein.

Ausgenommen bei sehr, sehr seltenen Wunderkindern, ist der Erfolg auf dem Klavier nur mit einem ständigen Einsatz von Intelligenz über eine lange Periode hinweg zu erreichen.

Persönliche Eignung
Ein ruhiges, intelligentes und gewissenhaftes Kind, das mit acht bis zehn Jahren mit dem Klavierspiel beginnt, wird langsam, aber sicher mit einer Reihe von Erfolgen belohnt. Jeder

echnische Fortschritt eröffnet neue Wege zu musikalischen
Freuden. Für jedes Lernalter ist unendlich viel Klaviermusik
vorhanden in jedem möglichen Stil, vom Klassischen bis hin
zum neuesten Rock.

Gesellige Kinder sind mit dem Klavier unglücklich, weil es
viele Studienjahre braucht, um mit andern zusammen spielen
zu können. Manchmal jedoch wechseln sie nach ein paar Jahren zu einem Instrument, mit dem sie in Orchestern, Vereinen
oder andern Gruppen mitspielen können. Das Klavier vermittelt eine unübertroffene Basis an musikalischem Können, so
daß diese Kinder meistens sehr erfolgreich mit ihrem zweiten
Instrument sind.

Der wahre Klavierspieler ist von Natur aus ein Einzelgänger,
der sein Privatleben liebt – vielleicht, um sich vom geschäftigen
Treiben älterer Geschwister zurückzuziehen. Ein solches Kind
kann scheu oder aber exhibitionistisch sein; doch wie auch
immer, es wünscht sich nicht anzuschließen, möchte nicht Teil
einer Gruppe sein. Es hegt den instinktiven Wunsch, selbstän-
dig zu sein.

Ein Einzelkind – oder eines mit viel älteren Geschwistern – ist
gewohnt, mit Erwachsenen umzugehen. Einem solchen Kind
wird die enge und langandauernde Lehrer-Schülerbeziehung
mehr Freude und Gewinn bringen als einem Kind, das sich
lieber mit andern Kindern abgibt und weniger auf Erwachsene
ausgerichtet ist.

Kindern, die für ihr Alter klein sind oder sich so fühlen, kann
der kraftvolle Klang des Klaviers tiefe Befriedigung geben, und
damit gewinnen sie an Motivation. Dies mag ein Aspekt sein,
warum eine so große Anzahl viel zu junger Kinder vom Klavier angezogen werden.

Als zweites Instrument für ältere Kinder wird das Klavier zu
wenig benützt. Manche Kinder beginnen mit einem Melodie-
instrument und finden heraus, daß ihnen die Technik nicht
zusagt oder die Musik auf sie nicht stimulierend wirkt. Besitzen diese Kinder die richtige intellektuelle Beschaffenheit, ver-
hilft ihnen das zwei- bis dreijährige Studium auf ihrem ersten
Instrument zu raschen Fortschritten mit dem Klavier, so daß
sie Kameraden, die das Klavierspiel viel früher begannen,
überholen können. Für «Spätzünder» kann dies der beste Weg
zum Klavier sein.

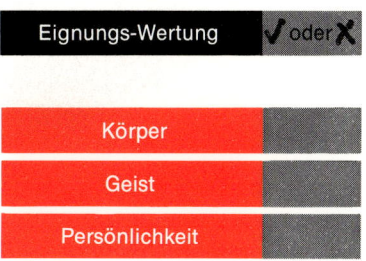

115

Die klassische Gitarre

Die klassische Gitarre ist ein mindestens so ernstzunehmendes Instrument wie irgendein anderes in diesem Buch. Um alle ihre Aspekte zu beleuchten und zu erklären, was sie für eine große Anzahl von Kindern bedeuten kann und für welche Kinder sie in Frage kommt, müßte fast ein eigenes Buch über sie geschrieben werden.

Es gibt viele Gründe, sie zu empfehlen:

- Die Gitarre ist ein progressives Instrument. Die Belohnungen und die Befriedigung, die sich für das geeignete Kind daraus ergeben, sind denen des Klaviers oder der Geige gleichzustellen. Die Gitarre verlangt einen gleich großen technischen Einsatz wie diese beiden Instrumente, und deshalb kann das Erlernen des Gitarrenspiels ebensoviel zur persönlichen Entwicklung des Kindes beitragen.

- Die Gitarre hat für Kinder gegenüber dem Klavier und der Geige – den Instrumenten von gestern – einen riesigen Vorteil: Sie ist das Instrument von morgen.

- Für jede Lernstufe gibt es ein umfangreiches Repertoire.

- Sie ist ein ruhiges Instrument. Gleich von Anfang an – schon bei den ersten Tonleitern – erfreut sie durch den reizvollen Klang.

- Nach der Anfangsphase braucht es relativ wenig elterliche Unterstützung, obwohl es wünschenswert ist, wenn die Eltern von Zeit zu Zeit zuhören, woran das Kind arbeitet, selbst wenn es sich dagegen sträubt.

- Gitarrenspielen findet Beifall bei den Kameraden, was für ein Kind, dem es an Selbstvertrauen mangelt, sehr wichtig ist. Nur wenige Kinder schämen sich, Gitarre zu spielen, oder geben es unter dem feindlichen Druck ihrer Kameraden auf. Knaben in großen städtischen Bezirken, die sich nie mit einem Geigenkoffer zeigen würden, tragen ihre Gitarre ohne weiteres jede Woche in die Stunde, dank den Beatles und ihren Nachfolgern.

- Wie das Klavier, ist die Gitarre ein eigenständiges Instrument. Sie kann daher einem Kind sehr viel bedeuten, das zum Beispiel durch Krankheit, den Wohnort oder seine Neigung, allein zu spielen, von der Gruppenmusik abgehalten wird.

- Weil das Noten-Lesen und Spielen den Geist sehr fesselt, doch körperlich nicht so anspruchsvoll ist, kann für asthmatische oder sonstwie empfindliche Kinder das tägliche Üben eine ausgezeichnete Therapie sein, indem es sie von ihrem körperlichen Zustand ablenkt.

– Eine Gitarre für den Anfänger ist billig. Sie kostet weniger als die Hälfte einer qualitativ gleichwertigen Querflöte oder nur den Bruchteil eines Klaviers.

– Die Gitarre verlangt weniger Musikgehör als die Streich- oder Blechblasinstrumente.

Worin liegt denn der Grund, daß so viele Kinder das Gitarrenspiel aufgeben? Aus dem bisher Aufgeführten wird klar, daß viele Kinder scheitern, weil sie für das betreffende Instrument nicht geeignet sind. Bei der Gitarre ergibt sich ein anderer ebenso wichtiger Grund: Kinder wie Eltern lassen sich durch die Medien dazu verleiten, die Gitarre als ein leicht zu spielendes Instrument zu betrachten. Sie denken, daß jedem unbekümmerten, langhaarigen Jugendlichen der Erfolg ohne große Anstrengung zufalle.

Nichts könnte der Wahrheit ferner sein. Es braucht über zwei bis drei Jahre gewissenhaftes Üben, um ein gutes Niveau zu erreichen. Glücklicherweise werden viele moderne Kinder in höchstem Maße von der Gitarre angezogen, so daß sie gut motiviert sind und dementsprechend bereit sind, härter dafür zu arbeiten, als sie es für Orchesterinstrumente oder das Kla-

vier täten. Fortschritte auf der Gitarre stellen sich selten ein ohne den gewissenhaften Entschluß, sich wirklich einzusetzen. Sowohl die Technik wie die Stücke sind schwierig.

Körperliche Eignung
Zum Spielen der klassischen Gitarre (im Unterschied zur Volks- oder elektrischen Gitarre) braucht es sieben Finger und beide Daumen. Daraus entwickelt sich ein außergewöhnliches Koordinationsvermögen der Finger. Kinder, die mit ihren Fingern geschickt sind (Modelle bauen, handarbeiten), haben einen guten Start.
Der Spieler muß bis zu sechs Saiten niederdrücken, indem er vier Finger der linken Hand dafür braucht und gleichzeitig die Bewegung von drei Fingern und Daumen der rechten Hand koordiniert, um die richtige Saite oder Saiten mit einem oder

mehreren Fingern zu zupfen. Dies bedingt einen mindestens so hohen Grad an körperlichem und geistigem Koordinationsvermögen wie das Klavierspiel mit beiden Händen.

Das korrekte Gitarrenspiel *entwickelt* kräftige Finger, Handgelenke und Vorderarme; darum beginnen oft Kinder damit, die nicht sehr kräftig sind. Die Finger der linken Hand müssen zu beträchtlichem Strecken trainiert werden; doch ein kleines Kind wird auf einem entsprechend kleinen Instrument anfangen und so die Technik allmählich entwickeln.

Um die Spielposition so bequem wie möglich zu machen und dadurch schlechte Spielgewohnheiten zu vermeiden, die eventuell zum Aufgeben führen könnten, ist es wichtig, die richtige Gitarrengröße zu wählen. Es gibt dreiviertel- und halbe Gitarren für Kinder, die für eine Gitarre normaler Größe noch zu klein sind.

Geistige Eignung

Zwar kommen auch kleine Kinder mit einer kleinen Gitarre gut zurecht, doch sind nur wenige unter acht bis zehn Jahren für die harte Lernarbeit bereit.

Die besten Fortschritte erzielen Kinder, die gut in Arithmetik und geschickt mit ihren Händen sind.

Das wirklich langsam lernende Kind (das Mühe hat, abstrakte

Probleme aufzunehmen und Informationen zu behalten) oder ein Kind mit schwachem Koordinationsvermögen wird mit diesem Instrument nicht glücklich sein. Doch manchmal wird ein Kind, das sich in der Wettbewerbssituation der Schule unglücklich fühlt, leichthin als «langsam» abgestempelt, obwohl es von Natur aus methodisch und gewissenhaft ist (etwa bei Freizeitbeschäftigungen). Ein solches Kind kann mit der Gitarre weit größere Erfolge erzielen, als seine Schulzeugnisse vermuten ließen. Tatsächlich weisen viele außergewöhnlich gute Gitarrenspieler schwache Schulnoten auf.

Persönliche Eignung

Der Ton wird durch wiederholte Zupfbewegungen mit den Fingern der rechten Hand erzeugt. Diese Bewegungen und das Halten der Gitarre nahe an der Vorderseite des Körpers scheinen auf das besitzergreifende Kind sehr beruhigend und angenehm zu wirken. Vielleicht hat es Freude am Sammeln oder hortet sein Taschengeld.

Schachspielern gefällt das Lesen und Spielen der Gitarrennoten. Irgend etwas an der klassischen Gitarre und ihrer Musik (weit entfernt von Flamenco und Zigeunermusik) zieht ein unemotionales Kind an, das keine offenen oder zweiseitigen Bindungen sucht. Im Gegensatz zu Klavierspielern, die den Umgang mit Erwachsenen besonders schätzen, sind Gitarren-Kinder in sich selbst ruhend und lieben die Unabhängigkeit. Diese Eigenschaften sind für Gitarrenspieler fast notwendig, denn sie können mit niemandem über die Probleme und Freuden des Spielens sprechen, es sei denn, ein anderes Familienmitglied spiele ebenfalls Gitarre. Einzig bei den wöchentlichen Lektionen kann sich das Kind mit dem Lehrer aussprechen.

Das Kind, das dieses Instrument mit Erfolg spielt, ist gerne allein, liebt es unabhängig zu sein und ist bereit, dafür hart und entschlossen zu arbeiten. Für die klassische Gitarre gibt es nur wenige Gelegenheiten, in Gruppen zu spielen.

Eignungs-Wertung ✓ oder ✗

Körper

Geist

Persönlichkeit

Die Harfe

Wenn schon viele Eltern die Gitarre übersehen, so denken sie noch weniger an die Harfe. Vielen modernen Wohnungen mangelt es nur schon am Platz für ein Instrument, das 1.50 Meter hoch und 1.20 Meter breit ist. Es gibt auch unter den Kindern nur wenige, die mit allen zehn Fingern 46 Saiten zupfen und gleichzeitig sieben Pedale mit beiden Füßen bedienen möchten. Noch nicht genug damit: die 46 Saiten müssen vom Spieler gestimmt werden.

Allerdings gibt es Kinder, die zum erstenmal mit einer Harfe in Berührung kommen, und gleich wissen, daß dieses himmlische Instrument das Richtige ist für sie.

Kein Kind ist jemals im Zweifel über seinen Wunsch, das Harfenspiel zu erlernen. Sie wird nicht auf vielen Kurzlisten figurieren. Das künftige Harfenkind wird seinen Eltern immer und immer wieder in den Ohren liegen und erklären, die Harfe sei das Instrument, das es zu spielen wünsche. Wie sollen Sie sich in einem solchen Falle verhalten? Sie können nicht einfach in den nächsten Musikladen gehen und eine kaufen. Doch selbst, wenn Sie dort eine finden, wird der Preis Ihnen den Atem verschlagen. Er liegt vielleicht um die tausend Franken für eine alte Harfe, die sorgsamen Umgang verlangt, und mehrere tausend Franken für ein gutes neues Instrument.

Was machen Sie, wenn Sie Ihrem Kind die Harfe erst in zwei bis drei Jahren beschaffen können? Die beste Vorbereitung während dieser Zeit ist das Erlernen des Klavierspiels. Körperlich wird das Kind davon kaum befriedigt sein, doch lernt es dabei den Violin- und Baßschlüssel kennen, die auch der Harfenist braucht.

Viele Harfenkinder fangen mit der kleinen, billigeren und leichter zu spielenden keltischen Harfe an. Sie hat nur 29 Saiten, trägt sich leicht und hat keine Pedale. Nur sehr zurückhaltende, scheue Kinder – meist Mädchen – sind bereit, wöchentlich viele Stunden mit Üben auf der keltischen oder Orchesterharfe zu verbringen. Die Eltern können dem Kind nicht helfen, es sei denn bei gelegentlichen Transporten (bei den Lektionen wird die Harfe des Lehrers gebraucht). Der Transport einer Orchesterharfe benötigt zwei Erwachsene.

Welches ist der Gewinn bei diesem Instrument? Die Solo-Harfenmusik ist von transzendenter Schönheit, sowohl zum Anhören wie zum Spielen; ein wundervolles Instrument zur Begleitung der menschlichen Stimme. Falls Sie Transportmöglichkeiten haben, wird jedes Jugendorchester für ältere Kinder einen Harfenspieler willkommen heißen.

Es ist sehr schwierig, jemanden zu finden, der über die Harfe Auskunft erteilen kann. Wenn Ihr Kind sich jedoch leidenschaftlich zu diesem Instrument hingezogen fühlt, schreiben Sie am besten dem Harfenisten des nächstgelegenen Berufsorchesters und bitten ihn um ein Treffen vor oder nach der Probe. Erwarten Sie keine schriftlichen Ratschläge. Sie müssen vermutlich zu ihm gehen und sich nach seiner Zeit richten. Harfenisten sind ihrem Instrument fanatisch ergeben und meistens außerordentlich hilfreiche Menschen. Sie werden eine höfliche und vernünftige Bitte um Hilfe kaum ablehnen – denn sie kennen Ihre Probleme.

Eignungs-Wertung   √ oder X

Allgemein

123

Alle Instrumente, mit denen wir uns bis anhin befaßten, haben eines gemeinsam – sie werden formell erlernt. Die Kinder folgen unter der Anleitung von Fachlehrern progressiven Kursen mit strukturierten Lektionen. Die Fortschritte werden regelmäßig geprüft. Das Kind weiß, auf welcher Stufe es steht. Graduelle Fortschritte – in abgestuften Examen geprüft – bauen sein Selbstverstrauen auf. Das Kind versteht die Verbindung zwischen Arbeit und Resultat, was schon früh zur Entwicklung von Selbstdisziplin führt. Ein Instrument auf diese Weise zu erlernen, trägt zur Charakterbildung des Kindes einen wichtigen Teil bei.

Die selbst zu erlernenden Instrumente bieten den Kindern keine solchen Vorteile. Sie werden informell erlernt: Über das Gehör, durch Herumprobieren, beim sorgfältigen Nachahmen von Klängen auf Kassetten und Platten. Nur selten ist jemand zu finden, der Lektionen erteilt. Wenn, dann ist es meistens ein älterer Amateurspieler, der sich sein eigenes Lernsystem aufgebaut haben mag, oder eben auch nicht. Die meisten Spieler können keine Noten lesen.

Während nur wenige kleine Kinder ein Instrument auf diese Weise erfolgreich erlernen, gibt es viele Jugendliche, die unabhängig von erwachsenen Lehrern sein wollen. Sie wollen durch eigene Bemühung, mit ein bißchen Hilfe ihrer Freunde, etwas erreichen. Sie schätzen Zwanglosigkeit und Unabhängigkeit und sind dafür bereit, eine Menge Energie zu investieren. Verglichen mit dem formellen Studium ist dieser Weg ungleich schwieriger.

Elektrische Gitarre

Alle elektrischen Instrumente – Gitarre, Baß- und Tastenin-strumente – erzeugen einen beträchtlichen Lärm. Sie können zwar ruhig gespielt werden, doch was dem Spielenden selbst als ruhig erscheinen mag, kann für die Mitbewohner des Hau-ses schon unerträglich laut sein. Das Spielen dieser Musik läßt sich mit dem aggressiven Fahren eines Motorrads vergleichen, und dies ist der Grund, warum Jugendliche diese elektrischen Instrumente spielen wollen. Das Problem – für den jugend-lichen Spieler, der versprochen hat, ruhig zu üben – ist das gleiche wie beim Motorradfahrer, der versprochen hat, nicht über 20 km/Stunde zu fahren: Es ist zu unbefriedigend.

Die elektrische Gitarre ist nicht hohl wie die klassische Gitarre. Sie ist solid und schwer zum Halten und Spielen. Für die meisten Kinder unter dreizehn sind die benötigte Spann-weite der linken Hand und das Gewicht unbequem. Doch die Anziehungskraft dieses Instrumentes ist so groß, daß jüngere Kinder dafür vieles in Kauf nehmen. Die Fingerspitzen der linken Hand schmerzen oft und können durch das Pressen gegen die Stahlsaiten wund werden.

Trödlerläden sind voller Gitarren von Kindern, die einst hoff-nungsvoll damit starteten, dann aufgaben, weil sie zu früh anfingen oder weil sich das Spielen als doch nicht so leicht erwies. Der Spieler hat mehrere Stunden pro Woche zu üben, um die Koordination der rechten und linken Hand zu erlan-gen. Es gibt selten Noten dafür, und einen guten Lehrer zu finden ist fast unmöglich. Das autodidaktische Erlernen – auch nur ein paar Akkorde übers Gehör – ist schwierig.

Das musikalische Wunder dieser Instrumente besteht nicht darin, daß so viele aufgeben, sondern eher, daß so viele von sich aus dabei bleiben, bis sie eine Stufe erreicht haben, auf der sie beginnen können, mit Freunden zu spielen. Schade, daß die Schule den großen Einsatz, der hier geleistet wird, nicht anerkennt und wenig Hilfe leistet.

Dies alles klingt sehr negativ. Bevor Sie jedoch aufatmend alle Ihre schwärzesten Befürchtungen und Vorurteile bestätigt fin-den, lassen Sie uns darüber nachdenken, welche guten Seiten dieses Instrument hat, was es Ihrem Kind zur persönlichen Weiterentwicklung bieten kann. – Überraschenderweise ist dies eine ganze Menge.

Die meisten Knaben in der Adoleszenz streben von Eltern, Lehrern, Geschwistern und sogar Mädchen gleichen Alters

weg. Sie benötigen einen stichhaltigen Grund, um mit andern Jugendlichen in selbstorganisierten Gruppen etwas «Männliches» zu machen. Ein elektrisches Instrument oder ein Schlagzeug erfüllt alle diese Wünsche und verleiht dem Jungen bei seinen Kameraden einen gewissen Status. Wenn Sie und Ihre Familie mit dem Lärmproblem zurechtkommen, kann dieses Hobby das Zusammenleben mit Ihrem Sohn während der Adoleszenz erleichtern. Es beschäftigt ihn ständig, gibt ihm das körperliche Vergnügen, ein kraftvolles Instrument zu spielen, entwickelt sein Nerven- und Muskel-Koordinationsvermögen. Im weitern zieht er Befriedigung aus seinen musikalischen Fortschritten, was ihm hilft, seine Identität aufzubauen. Ganz allgemein bedeutet dieses Hobby eine andauernde Befreiung von den Spannungen dieser Lebensphase und ist dazu noch ein wunderbarer Weg, Freundschaften zu schließen.

Was sollen Eltern tun, wenn ein Kind schon unter elf bis zwölf Jahren darauf besteht, elektrische Gitarre zu spielen? Da gilt es zu bedenken, daß dieses Instrument unter Stromspannung steht, die tödlich wirken kann. Es ist unvermeidlich, daß der Spieler die Gitarre und den Verstärker auseinandernimmt, Ersatzteile auswechselt, kleine Defekte selbst behebt. Dies ist offensichtlich gefährlich, wenn ein Kind zu jung ist, um die Elektrizität zu verstehen. Überdies kosten das Instrument und der notwendige Verstärker mehr, als viele Eltern ausgeben möchten.

Unter diesen Umständen schlagen wir vor, daß das Kind zum Sparen seines Taschengeldes angehalten wird, um zum Kauf des Instrumentes und des Verstärkers etwas beizutragen. Gleichzeitig kann als Vorbereitung für die elektrische Gitarre mit einem Einton-Instrument oder der klassischen Gitarre begonnen werden.

Eignungs-Wertung   ✓ oder ✗

Allgemein

128

Die Baßgitarre

Alle jugendlichen Rockgruppen benötigen einen guten Baß-spieler. Viele Schulmusikvereine, Blechmusikvereine, Bigbands und Tanzbands ersetzen den altmodischen (und oft überhörba-ren) Kontrabaß durch eine Baßgitarre. Jeder Jugendliche, der gelernt hat, den Baßschlüssel zu lesen – sei es durch das Kla-vier, Cello, Kontrabaß oder Fagott – kann die Baßgitarre zur Hand nehmen und damit innert weniger Wochen einem aufre-genden neuen Hobby frönen. Die elektrische Gitarre braucht Akkordtechnik. Auf der Baßgitarre wird gleichzeitig nur ein Ton gespielt. Was an Noten existiert, ist leicht zu lesen und zu spielen.

Wie alle andern Baßinstrumente ist auch die Baßgitarre für aggressive Extrovertierte unbefriedigend. Für Jugendliche dagegen, die keinen Wert darauf legen, sich ins Rampenlicht zu spielen, sich jedoch einen direkten Zugang zu Rockgruppen oder zu Vereinen wünschen, ist die Baßgitarre ein wundervol-les Weihnachts- oder Geburtstagsgeschenk.

Eignungs-Wertung	✓ oder ✗
Allgemein	

Die elektrischen Tasteninstrumente/Orgeln

Manche Jugendliche, die über mehrere Jahre befriedigende Fortschritte auf dem Klavier gemacht haben, verlieren plötzlich über Nacht das Interesse daran.

Als negative Reaktion bestehen die Eltern darauf, daß mit den Lektionen weitergefahren und auch weitergeübt werde, mit der Begründung, das bisher Erlernte dürfe nicht einfach verloren gehen. Eine positive Reaktion dagegen wäre, die Erwerbung eines elektrischen Tasteninstrumentes in Erwägung zu ziehen, welches dem jungen Spieler jene Art Freiheit gibt, die für diese Lebensphase so wichtig ist. Mit diesem Instrument kann er improvisieren, dazu singen, mit Freunden in informellen Gruppen spielen und somit die vorher erworbenen Kenntnisse aufs beste einsetzen.

Auf diesem Gebiet besteht ein großes Angebot an Instrumenten, die ein Kind, das auf dem Klavier schon einen fortgeschrittenen Stand erreicht hat, mit Vergnügen spielen kann. Werbeempfehlungen, die diese Instrumente für Kinder ohne Kenntnisse in der Tastenspieltechnik oder wenigstens in Notenlesen vorschlagen, sollten mit dem angebrachten elterlichen Mißtrauen aufgenommen werden.

Eignungs-Wertung ✓ oder ✗

Allgemein

130

Die Volksgitarre

Es gibt Jugendliche, die von Natur aus ruhige Individualisten sind. Für sie kommt die aggressive Atmosphäre einer Rockgruppe oder die unvermeidliche Geselligkeit eines Klubs nicht in Frage. Doch zwischen fünfzehn und zwanzig beginnen sie zu fühlen, daß ihnen in der Musik vieles entgeht, weil sie während der Kindheit keine richtigen Lektionen erhielten oder diese aufgaben.

Die Volksgitarre, allein gespielt oder als Begleitung zur eigenen oder eines Freundes Stimme, kann hier die Lösung sein. Sie ist ein leichtes, hohles, akustisches Instrument. Sie sieht wie eine große klassische Gitarre aus, doch die Saiten sind aus Stahl, so daß damit ein stärkerer, grellerer Ton erzeugt werden kann.

Es erfordert ein recht gutes Ohr, um über das Niveau einiger Grundakkorde hinauszukommen, und ein gutes musikalisches Gespür, um eine harmonische Begleitung zu improvisieren – ungefähr soviel, wie der Großvater brauchte, wenn er auf dem Wohnzimmerklavier populäre Schlager zu klimpern pflegte. Um das Spielen zu erleichtern, kann eine Klammer für die Saiten verwendet werden. Lektionen werden selten angeboten, doch weil das Instrument weitgehend von Leuten jeden Alters selbst erlernt wird, gibt es ausgezeichnete Lehrbücher.

Einige Juniorenschulen offerieren Gruppenlektionen, in denen Kindern ein paar Grundakkorde und ein kleines Melodienrepertoire beigebracht wird. Das hat nichts mit der Technik der klassischen Gitarre zu tun. Doch für ein Kind, das an diesen Gruppenlektionen Vergnügen findet, das gerne richtig Gitarre spielen möchte und den Kriterien des Dreiwegprofils entspricht, besteht eine gute Motivation, um mit der klassischen Gitarre zu beginnen.

Eignungs-Wertung	✓ oder ✗
Allgemein	

131

Ethnische und volkstümliche Instrumente

Manche Jugendliche verbringen ihre Zeit weiterhin gerne mit Erwachsenen und jüngeren Geschwistern. Für sie sind die ausschließlich jugendorientierten Rockgruppen nicht so attraktiv.

Die unbeschwerte, zwanglose Volksmusik mag das sein, was sie suchen. Die Mitglieder lokaler Volksmusikgruppen sind freundliche, liebenswürdige Leute; Spieler und Sänger – größtenteils Amateure – hilfreiche Menschen. Es gibt viele Gelegenheiten, um eine überraschend große Anzahl verschiedener Instrumente, mit denen eine Fülle vielfältiger Musik gespielt wird, kennenzulernen. Die Spieler geben im allgemeinen gerne Ratschläge und helfen bei der Wahl des Instrumentes.

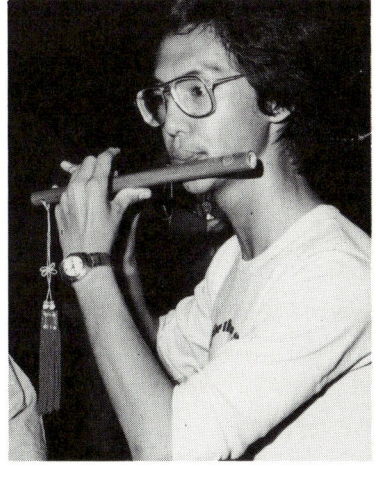

Diese Instrumente umfassen: Fidel, akustische und Elektrogitarre, Streich- und Elektrobaß, Hackbrett, Lauten, Trommeln, Tamburine, Blockflöten, *keltische* Harfen, Akkordeon (Piano-Akkordeon und Knopfgriff-Akkordeon), Pfeifen, Querflöten und viele traditionelle Instrumente wie beispielsweise Dudelsack.

Gut motivierte Jugendliche sind bereit, den Fleiß und die Geduld aufzubringen, die das Erlernen eines Instrumentes nur über das Ohr braucht. Kinder, die während einiger Jahre ein anderes Instrument spielten, sind im Vorteil. Schon nach ein paar Monaten sind sie so weit, daß sie vor einem dankbaren und empfänglichen Publikum ihre ersten «Nummern» spielen können.

Fröhliche und gesellige junge Leute sind in den Volksmusikgruppen immer willkommen.

Ethnische Musik ist etwas anderes. Dazu gehören zum Beispiel irische Musikvereine, Schlagzeugorchester aus Ölfässern (karibische Inseln, Trinidad), asiatische Tanzgruppen, Marschmusikvereine. Diese Klubs sind meistens auf eine besondere Art Musik spezialisiert; doch in erster Linie soll die Musik hier Menschen eines gleichen Kulturkreises zusammenbringen.

Eignungs-Wertung   ✓ oder ✗

Allgemein

Mit Bünden versehene Instrumente

Weil sich nur für wenige Kinder die Gelegenheit ergibt, solche Instrumente zu sehen und zu hören, figurieren sie normalerweise nicht auf den gängigen Instrumentenlisten. (Bünde sind die dünnen Querklammern, die am Hals von Gitarren, Banjos, Mandolinen und andern Zupfinstrumenten angebracht werden.)

Diese Gruppe umfaßt:

– Banjo, Ukulele
– Mandoline
– Verschiedene regionale und nationale Zupfinstrumente wie zum Beispiel die Balalaika.

Diese Instrumente erfreuten sich einer großen Popularität, bevor die Jazz- und Elektroinstrumente ihnen den Rang abliefen. Heute setzen sich spezielle Vereinigungen mit großem Elan dafür ein, wieder weitere Kreise für diese Instrumente zu gewinnen.
Gewisse Kinder werden sofort – beim ersten Anhören – von diesen Instrumenten angezogen. Sie spüren einfach, daß bei-

spielsweise gerade die Mandoline für sie geeignet ist. Meistens ziehen diese Art Instrumente ältere Kinder an, die die Atmosphäre einer Banjogruppe oder eines Ukuleleorchesters lieben, ohne so genau zu wissen warum.

Was ist dies für eine Art Kinder? Im allgemeinen sind es ruhige Kinder, eher introvertierte, doch nicht zurückgezogene. Intelligent, aber nicht scharfsinnig oder glänzend, geschickt mit den Händen, geduldig, gewissenhaft, enthusiastisch, manchmal Sammler.

Das Üben und Spielen zu Hause bereitet Freude, weil sowohl Melodien wie Akkorde auf diesen Instrumenten gespielt werden können. Sie sind nicht lärmig, was in dünnwandigen modernen Wohnungen geschätzt wird. In Gruppen gespielt vermitteln sie die ruhige Intensität eines Kammerorchesters.

Das Repertoire ist meist individuell auf die Gruppe abgestimmt. Die Klubs und Vereine werden von hingebungsvollen Amateuren organisiert. Diese Klubs und Vereine stehen gerne mit Ratschlägen zur Verfügung, helfen bei der Wahl der Instrumente und erteilen oft auch Lektionen.

Mit Ausnahme der großen Baßinstrumente, sind alle diese Instrumente bequem zum Halten und zum Spielen.

Gewisse Jugendliche, die gerne allein sind, fangen mit der Mandoline als Soloinstrument an und lernen dabei nur nach Gehör. Das Mitspielen in einer Gruppe jedoch erfordert das Lesen der Noten. Doch wie bei den Blechblas-Musikern scheint dies auch hier für gut motivierte Kinder kein Problem zu sein. Sie erlernen das Lesen der Noten beim fortschreitenden Üben.

Eignungs-Wertung	✔ oder ✘
Allgemein	

3. Teil: Schlußentscheid

Die Kurzliste Ihres Kindes besteht nun aus der kleinen Anzahl von Instrumenten, die in der Eignungs-Wertung kein Kreuz aufweisen. Eines davon ist das richtige Instrument. So einfach und doch so problematisch? Keineswegs – aus den Verbleibenden das einzig richtige Instrument auszuwählen, ist die leichteste Sache des ganzen Vorgangs. Wie Sie sehen werden, wird das Kind hierbei die Hauptsache besorgen.

Die meisten Kurzlisten weisen nur zwei oder drei Instrumente auf. Die Reduktion der Liste bis zum richtigen Instrument wird mit dem Kind zusammen vorgenommen. Doch ist es möglich, daß fünf oder mehr Instrumente keine Kreuze aufweisen. Sollte dies der Fall sein, müßten Sie noch – ohne Mithilfe des Kindes – eine Zwischenphase einschalten.

Reduzieren der Kurzliste – ohne das Kind
Reduzieren Sie die restlichen Instrumente nach folgender Reihenfolge:

1. Instrumente, deren Klang am wenigsten der Stimme Ihres Kindes entsprechen. (Dies scheint Ihnen vielleicht im ersten Augenblick eine seltsame Idee – doch sie ist sinnvoll. Kinder werden auf natürliche und instinktive Weise von Instrumenten angezogen, die ungefähr die gleichen Tonlagen aufweisen wie ihre eigene Stimme. Dies erklärt auch, warum so viele Kinder von Instrumenten mit hohen Tonlagen angezogen werden wie: Querflöte, Klarinette, Kornett, Geige. Vielen kleinen Kindern fällt es schwer, tieftönende Instrumente anzuhören. Sie werden daher nicht für solche Instrumente motiviert werden können.)

2. Instrumente, die zu teuer zum Kaufen oder Mieten sind (zum Beispiel Fagott oder Harfe, die für die meisten Familienbudgets nicht in Frage kommen).

3. Instrumente, die zu groß für die Wohnung oder den Transport sind (Klavier, Tuba, Kontrabaß, Harfe. Sie können für viele moderne Wohnungen zu sperrig sein).

4. Instrumente, abgesehen von den selbst zu Erlernenden, für welche im Ort keine Lektionen angeboten werden. Ihr Musikgeschäft wird Ihnen darüber Auskunft erteilen können.

Wenn Sie diese vier Kategorien der verbleibenden Instrumente eliminiert haben, sollte die Kurzliste einfach zu handhaben sein. Die nächste Stufe erledigen Sie mit dem Kind zusammen.

Bezeichnen Sie nur die Instrumente, die keine Kreuze in der Eignungswertung aufweisen.

Holzblasinstrumente:

Querflöte ☐

Klarinette ☐

Saxophon ☐

Oboe ☐

Fagott ☐

Blockflöte ☐

Blechblasinstrumente:

Kornett ☐

Trompete ☐

Tenor-, Baritonhorn ☐

Posaune ☐

Euphonium ☐

Tuba, Es-Tuba und Tenortuba ☐

Waldhorn ☐

Streichinstrumente:

Violine ☐

Viola ☐

Cello ☐

Kontrabaß ☐

Schlaginstrumente:

Trommeln/ungestimmte Schlaginstrumente ☐

Schlagzeug ☐

Gestimmte Schlaginstrumente/ Pauken ☐

Eigenständige Instrumente:

Klavier ☐

Klassische Gitarre ☐

Harfe ☐

Selbst zu erlernende Instrumente:

Elektrische Gitarre ☐

Baßgitarre ☐

Elektrische Tasten- instrumente/Orgeln ☐

Volksgitarre ☐

Ethnische und volks- tümliche Instrumente ☐

Mit Bünden versehene Instrumente ☐

139

Reduzieren der Kurzliste – mit dem Kind

Sie und Ihr Kind gehen zum größten oder zum angenehmsten Musikgeschäft der Umgebung und probieren die Instrumente Ihrer Kurzliste. – So einfach ist das.

Die Angestellten des Geschäftes werden Ihnen zeigen, wie das Instrument richtig zusammengesetzt und gehalten wird und wie ein Ton darauf erzeugt wird. Für ein scheues Kind läßt sich gewöhnlich ein kleiner Hinterraum finden, wo es das Instrument ungeniert ausprobieren kann.

Das Kind wird Ihnen sagen, welches Instrument ihm ein gutes Gefühl gibt und welches nicht, welches zu schwer zum Halten ist oder welches zuviel Kraft zum Spielen braucht, welcher Klang ihm gefällt – kurz, welches das richtige Instrument ist.

Für die Eltern, die sich bisher mit der Wahl so viel Mühe gegeben haben, wird es nun zum Problem, sich nicht einzumischen, während das Kind die Instrumente ausprobiert. Doch Sie sollten sich zurückhalten. Ihre Rolle besteht darin, mit den Angestellten zu verhandeln. Die Selektion ist Sache des Kindes.

In unserm Musikzentrum hatten wir häufig hundert oder mehr Kinder an einem Tag, die ihre auf der Kurzliste figurierenden Instrumente ausprobierten. Fast alle wußten bald genau, ob ihnen die Geige, das Kornett, die Querflöte gefiel, einfach indem sie das Instrument (unter Anleitung) hielten und ein paar Töne darauf spielten.

Einige Kinder mögen einem oder zwei Instrumenten gegenüber unentschieden sein, doch alle Kinder können sofort sagen, welches Instrument sie lieben oder ablehnen – vorausgesetzt, die Eltern enthalten sich ihrer Beeinflussung. Suggestivfragen wie: «Schau diese reizende Geige, gefällt sie dir?» objektiv zu beantworten, fällt den meisten Kindern schwer, da sie dann gerne die Antwort geben, die von ihnen erwartet wird.

Ein Instrument zu kaufen, ist in jedem Alter eine sehr persönliche Sache. Lassen Sie Ihrem Kind dafür so viel Zeit, wie es wünscht. Beschränken Sie das Aussuchen nicht auf ein einziges Mal pro Instrument. Ihr Kind, das bald ein richtiges Instrument besitzen wird, verdient in jedem Musikgeschäft eine erstklassige Bedienung. Sie werden erfahren, daß die Leute im Musikgeschäft Ihre Probleme verstehen. Bestimmt werden sie Ihnen lieber nach drei bis vier Besuchen das richtige als schon am ersten Tag das falsche Instrument verkaufen.

Ein Musikinstrument ist nicht einfach ein weiteres Spielzeug. Das richtige Instrument ist vielleicht der wichtigste Besitz, den Sie jemals für Ihr Kind kaufen.

Vor Ihnen beiden liegen nun viele beglückende Erlebnisse: die ersten Spielversuche, die erste erkennbare Melodie, «wirkliche» Musik, Prüfungserfolge, Feste, öffentliche Aufführungen, das Mitspielen in Orchestern oder Vereinen. Wer weiß, wohin dies führen kann? Eine lebenslange Hinwendung zur Musik wird ermöglicht durch die Zeit und die Gedanken, die Sie zur Wahl des richtigen Instrumentes für Ihr Kind aufgewendet haben.

Kauf oder Ausleihen eines Instrumentes

Berufsmusiker geben hohe Beträge für ihre Instrumente aus, doch Lerninstrumente für Kinder kosten viel weniger. Die Hersteller richten die Preise nach dem durchschnittlichen Familienbudget. Im allgemeinen lohnt es sich, verschiedene Musikgeschäfte aufzusuchen – nicht weil ein spezielles Modell günstiger zu erhalten wäre, sondern weil die Auswahl variiert.

Weil auf dem internationalen Musikinstrumenten-Markt große Konkurrenz herrscht, sind die Preise der Qualität angepaßt. Als Richtlinie: Je mehr Sie bezahlen, desto besser das Instrument. Die billigsten Instrumente weisen vielleicht Defekte auf, die hinderlich sein können oder ziehen zum mindesten Enttäuschungen nach sich. Wenn Sie es später verkaufen oder gegen ein besseres eintauschen möchten, werden sich die Mehrkosten für ein besseres Instrument bestimmt lohnen. Die wirklich guten Instrumente steigen sogar im Laufe der Zeit im Wert. Die elektrischen Instrumente dagegen verlieren ihren Wert über Nacht, wie ein neues Auto. Wenn sogleich gekauft wird, ist es üblich, um eine Woche Probezeit zu bitten, damit das Instrument vom Lehrer genau geprüft werden kann.

Die meisten Eltern ziehen es vor, nicht sofort zu kaufen. Jedes gute Musikgeschäft offeriert zwei andere Möglichkeiten. Teilzahlungskauf ist für Instrumente so normal wie für Fernsehapparate. Gebräuchlich ist auch das Miet-Kaufsystem. Hierbei können Sie das Instrument für drei bis sechs Monate mieten; die Mietkosten werden beim eventuellen Kauf vom Preis abgezogen. Die Vorteile sind augenfällig. Wir empfehlen Ihnen deshalb, ein Instrument auf diesem Wege zu erwerben.

Die meisten Musikgeschäfte führen eine Auswahl von gebrauchten Instrumenten. Die Preise sind vielleicht nicht niedriger als für neue Modelle, doch erhalten Sie unter Umständen eine bessere Qualität, wenn Sie ein gebrauchtes Instrument mit Garantie von einem etablierten Musikgeschäft kaufen.

Ein Instrument aus privater Hand zu kaufen ist riskanter. In vielen lokalen Zeitungen sind Inserate für den Privatverkauf von gebrauchten Instrumenten zu finden, und auch Trödlerläden bieten sie im Schaufenster an. Sollten Sie auf diese Weise auf ein vorteilhaft erscheinendes Instrument stoßen, scheuen Sie nicht eine kleine Geldausgabe, um das Instrument durch ein Musikgeschäft, einen Lehrer oder Musiker prüfen zu lassen, bevor der Kauf endgültig abgeschlossen ist. Manche Mängel sind für einen Laien oder auch für jemanden, der ein anderes Instrument spielt, nicht offensichtlich, doch können sie sich für ein Kind, das zu spielen beginnt, als schwere Nachteile erweisen.

In manchen Gegenden besteht die Möglichkeit, ein Instrument für längere Zeit von der Schule auszuleihen. Doch solche Instrumente sind oft vom vorhergehenden Benützer beschädigt oder vernachlässigt worden. Sie sollten gründlich von einem Fachmann revidiert werden, bevor das Kind damit zu spielen beginnt.

Blechmusikvereine schließlich leihen normalerweise jedem Kind, das den Junioren beitreten will, für längere Zeit ein Instrument.

Das Finden eines Lehrers

Es hängt von der Wohngegend ab, ob es schwierig oder leicht ist, einen Lehrer für ein gewisses Instrument zu finden. Für traditionelle Instrumente wie Klavier oder Geige stehen mehr Lehrer zur Verfügung als für Instrumente wie Waldhorn oder Saxophon. Doch viele Lehrer gehören einer Organisation an. Eine Möglichkeit, einen Lehrer zu finden, besteht deshalb darin, sich an einen der untenstehenden Verbände zu wenden:

Schweiz:
Schweizerischer
Musikpädagogischer Verband
Forchstraße 376
8008 Zürich

Deutschland:
Verband deutscher Musikerzieher
und konzertierender Künstler
Landbergerstraße 425
8000 München 60

Österreich:
Arbeitsgemeinschaft der Musikerzieher Österreichs
Landstraße 31
4020 Linz

Auch lokale Musikgeschäfte führen oft Adreßlisten von Musiklehrern oder Studios, wo Lektionen erteilt werden.

An vielen öffentlichen Schulen ist heute eine Musikschule angeschlossen. Erkundigen Sie sich darüber in der Schule. Normalerweise sind die Lektionen dort auf gewisse Instrumente beschränkt.

Wenn die Wahl Ihres Kindes auf ein Instrument fällt, das in der Umgebung nicht oft gespielt wird, ist es schwierig, einen entsprechenden Lehrer zu finden. Vielfach unterrichten Berufsmusiker aus diesem Grund nebenbei. Der Unterricht durch einen Berufsmusiker kann für ein Kind einen besonderen Reiz haben und es noch in vermehrtem Maße motivieren.

Im weitern sollte jeder fortgeschrittene Musikstudent imstande sein, Kinder zu unterrichten, und darum ist es empfehlenswert und auch üblich, in Musikakademien oder Musikkonservatorien nach Studenten zu fragen, die Unterricht erteilen.

Viel Glück!